स्वामी विवेकानन्द के श्रेष्ठ प्रेरक प्रसंग

स्वामी विवेकानन्द के श्रेष्ठ प्रेरक प्रसंग

डॉ. आशीष वशिष्ठ

के.के. पब्लिकेशन्स
नई दिल्ली–110 002

स्वामी विवेकानन्द के श्रेष्ठ प्रेरक प्रसंग

डॉ. आशीष वशिष्ठ

के.के. पब्लिकेशन्स

4806/24, भरतराम रोड, दरियागंज, नई दिल्ली-110 002

फोन : 011-47340207, 23285167

ई-मेल : kkpdevinder@vsnl.net | info@kkpublications.com

वेब : www.kkpublications.com

ISBN : 978-81-7844-339-3

प्रथम संस्करण : 2024

मूल्य : ₹ 395

Swami Vivekanand Ke Shreshth Prerak Prasang

Dr. Ashish Vashisht

देश की युवा शक्ति
को
सादर समर्पित

अनुक्रम

अपनी बात

हमारा देश भारत सदियों से महापुरुषों की जन्मभूमि और कर्मभूमि रहा है। पृथ्वी के इस पावन भू-भाग में ऐसे कई मनीषी पैदा हुए जिन्होंने अपने चिंतन और दर्शन से न केवल भारत को बल्कि दुनिया को भी गौरवान्वित किया, ऐसे ही महापुरुषों में से एक थे स्वामी विवेकानन्द। उठो, जागो और तब तक रुको नहीं, जब तक मंजिल प्राप्त न हो जाए, यह जीवन अल्पकालीन है, संसार की विलासिता क्षणिक है, लेकिन जो दूसरों के लिए जीते हैं, वे वास्तव में जीते हैं- गुलाम भारत में ये बातें स्वामी विवेकानन्द ने अपने प्रवचनों में कही थीं। उनकी इन बातों पर देश के लाखों युवा फिदा हो गए थे। बाद में तो स्वामी की बातों का अमेरिका तक कायल हो गया।

हमारे देश में जन्मे एक मठवासी संत, जिन्होंने अपने छोटे– से जीवनकाल में अपने कार्यों के कारण प्रसिद्धि प्राप्त की और केवल देश ही नहीं, विदेशों में भी उनके ज्ञान और मंतव्यों का लोहा माना गया, ऐसे महापुरुष थे –"स्वामी विवेकानन्द।"

19वीं सदी में भारतीय विद्वान् रामकृष्ण परमहंस के शिष्य और भारतीय संस्कृति एवं साहित्य को विदेशों तक फ़ैलाने में जिस महापुरुष का योगदान था, वे थे स्वामी विवेकानन्द।सम्पूर्ण विश्व में 'हिन्दूधर्म' का स्थान बनाने और इसके महत्व को बताने में उनका बहुत बड़ा योगदान रहा हैं।

स्वामी विवेकानन्द ने भारत के आध्यात्मिक उत्थान के लिए बहुत कार्य किया। पश्चिम के देशों में वेदांत फिलोसफी फैलाई। वे वेदांत फिलोसोफी के सर्वाधिक प्रभावी, आध्यात्म प्रमुख व्यक्ति थे और उन्होंने गरीबों की सेवा के लिए "रामकृष्ण मिशन" की स्थापना की।

वे त्याग की मूर्ति थे और उन्होंने अपना सम्पूर्ण जीवन देश और गरीबों के उत्थान के लिए समर्पित कर दिया। इसके लिए वे हमेशा लालायित रहते थे। उन्होंने देश के युवाओं में प्रगति करने के लिए नया जोश और उत्साह भर दिया था। वे एक देशभक्त संत के रूप में जाने जाते हैं, इसलिए उनके जन्म दिवस को "राष्ट्रीय युवा दिवस" के रूप में मनाया जाता हैं।

स्वामी विवेकानन्द जी ने अपने युवाकाल में ही भारत के गौरव को पूरे विश्व में गौरवान्वित किया। स्वामी विवेकानन्द जी ने हीनता से ग्रस्त भारत देश को ये अनुभव कराया कि इस देश की संस्कृति अब भी अपनी श्रेष्ठता में अद्वितीय है। स्वामी जी ने देशवासियों के अंर्तमन में जीवन प्रांण फूंका।

उन्नीसवीं शताब्दी में विदेशी शासन की दासता से दु:खी और शोषित हो रही भारतीय जनता को जिन महापुरुषों ने अंग्रेजों के विरुद्ध संघर्ष के लिए प्रोत्साहित किया उनमें, स्वामी विवेकानन्द जी प्रमुख थे। अपनी ओजस्वी वांणी से उन्होने जन-मानस के मन में स्वतंत्रता का शंखनाद किया। अपनी मातृभूमि के प्रति उनके मन में अत्यधिक सम्मान था। भारत माता की गुलामी और उसके तिरस्कार को देखकर स्वामी जी का मन व्याकुल हो जाता था। उनके मन में राष्ट्रप्रेम कूट-कूट कर भरा था। मद्रास के अनेक युवा शिष्यों को उन्होने लिखा था कि, "भारत माता हजारों युवकों की बली चाहती है। याद रखो, मनुष्य चाहिए पशु नही।"

स्वामी विवेकानन्द भारतीय दर्शन, संस्कृति, धर्म, चिंतन और देश प्रेम की जीवंत प्रतिमूर्ति थे। वैश्विक भाईचारे का प्रबल समर्थन करते हुए उन्होंने दुनियाभर को भारतीय संस्कृति और दर्शन के मूल आधार अध्यात्म और मानव मूल्यों से परिचय करवाया। विवेकानन्द जी ने भारतीय चिंतन से विदेशों में भारत का सम्मान बढ़ाया। भारत माता के प्रति उनके मन में अपार श्रद्धा थी। जब वे 1896 में विदेश से भारत लौटे तो, जैसे ही जहाज किनारे लगा दौड़कर भारत भूमि को साष्टांग प्रणाम किया और रेत में इस प्रकार लोटने लगे कि जैसे वर्षों बाद कोई बच्चा अपनी माता की गोद में पहुंचा हो।

अपने आध्यात्मिक विचारों से दुनियाभर में भारत का सिर ऊंचा करने वाले स्वामी विवेकानन्द के व्यक्तित्व को किसी एक सांचे में फिट करना मुमकिन नहीं है। वे कर्मयोगी थे, सत्य के साधक थे और पूरी दुनिया के लिए आध्यात्मिक गुरु थे। स्वामी जी प्रबल राष्ट्रभक्त थे। वे देश की स्वाधीनता के कट्टर समर्थक थे। उन्हे कायरता से नफरत थी, उनका कहना था कायरता छोड़ो निद्रा त्यागो। स्वाधीनता शक्ति द्वारा प्राप्त करो। वे राष्ट्र

उत्थान के प्रबल समर्थक थे। उनके जीवन का मुख्य उद्देश्य था भारत का विकास। स्वामी जी कहते थे कि, ये जननी जन्मभूमि भारत माता ही हमारी मातृभूमि है। हमें भारतीय होने पर गर्व होना चाहिए।

स्वामी जी के संदेश युवाओं के लिए प्रेरणास्रोत हैं, उन्होने युवाओं को संदेश दिया कि, "हे भाग्यशाली युवा, अपने महान कर्तव्य को पहचानो। इस अद्भुत सौभाग्य को महसूस करो। इस रोमांच को स्वीकार करो। ईश्वर तुम्हे कृपादृष्टि के साथ देखता है और वह तुम्हारी सहायता और मार्गदर्शन के लिए सदैव तत्पर है। मैं तुम्हारे महान बनने की कामना करता हूं। विश्व ने अपना विश्वास तुम्हारे ऊपर जताया है। तुम्हारे बड़े तुमसे उम्मीद रखते हैं।

स्वामी विवेकानन्द के जीवन की अनेक घटनाओं का वर्णन उनके जीवन पर आधारित विभिन्न पुस्तकों में मिलता है। जिन्हें मैंने प्रसंग के रूप में प्रस्तुत करने का प्रयास किया है। प्रस्तुत पुस्तक 'स्वामी विवेकानन्द के श्रेष्ठ प्रेरक प्रसंग' में स्वामी विवेकानन्द के जीवन पर आधारित प्रसंगों को संग्रहित करने के लिए अनेक पुस्तकों, पत्र-पत्रिकाओं का सहयोग लिया गया है। मुझे आशा ही नहीं पूर्ण विश्वास है कि स्वामी विवेकानन्द जी के जीवन पर आधारित ये प्रसंग अवश्य ही पाठकों के जीवन को एक नई दिशा देंगे।

7 जून, 2018

-डॉ. आशीष वशिष्ठ

लखनऊ, उ०प्र०

स्वामी विवेकानन्द का जीवन परिचय

प्रारंभिक जीवन:

नरेन्द्र का जन्म ब्रिटिश राज में कलकत्ता शहर में 12 जनवरी, 1863 को मकर संक्रांति के दिन हुआ था। वे एक पारंपरिक बंगाली परिवार से थे और कुल 9 भाई – बहन थे। उनके पिता विश्वनाथ दत्त कलकत्ता उच्च न्यायालय में कार्यरत थे और माता भुवनेश्वरी देवी एक धार्मिक घरेलु महिला थी। उनके दादाजी संस्कृत और फारसी के विद्वान थे। घर में ही इस प्रकार के धार्मिक और शिक्षित माहौल ने नरेन्द्र का इतना उच्च व्यक्तित्व बनाया।

शिक्षा दीक्षा:

सन 1871 में, जब नरेन्द्र 8 वर्ष के थे, उनका प्रवेश ईश्वर चन्द्र विद्यासागर के मेट्रोपोलिटन इंस्टिट्यूशन में करा दिया गया और सन् 1877 तक उन्होंने यही शिक्षा प्राप्त की। सन 1877–1879 तक वे सह परिवार रायपुर में रहे और सन 1879 में पुनः कलकत्ता लौट आये।

सन 1879 में नरेन्द्र ने अपनी मैट्रिक की परीक्षा उत्तीर्ण की और कलकत्ता के प्रेसीडेंसी कॉलेज में प्रवेश लिया। एक साल बाद उन्होंने कलकत्ता के स्कॉटिश चर्च कॉलेज में दाखिला लिया और फिलोसफी पढ़ना प्रारंभ किया। यहां उन्होंने पश्चिमी तर्क, पश्चिमी फिलोसफी और यूरोपियन देशों के इतिहास के बारे में ज्ञानार्जन किया।

नरेन्द्र विभिन्न विषय पढ़ते थे, जिनमें फिलोसफी, धर्म, इतिहास, सामाजिक विज्ञान, कला और साहित्य, आदि शामिल थे। इसके अलावा वे हिन्दू धर्म ग्रंथों, वेदों, उपनिषदों, श्रीमद् भगवद गीता, रामायण, महाभारत और पुराणों में भी बड़ी रूचि रखते थे और इन्हें पढ़कर वे अपनी जिज्ञासाओं को भी शांत करते थे।

सन् 1884 में नरेन्द्र ने बेचलर ऑफ़ आर्ट की डिग्री प्राप्त कर ली थी। नरेन्द्र की आश्चर्यजनक याददाश्त के कारण उन्हें कुछ लोग 'श्रुतिधरा' भी कहते थे।

नरेन्द्र की बढ़ती उम्र के साथ उनका ज्ञान तो बढ़ ही रहा था, परन्तु उनके तर्क भी प्रभावी होते जा रहे थे। उनके मन की ईश्वर के अस्तित्व की बात और भी गहराती गयी और इसी ने उन्हें "ब्रह्मसमाज" से जोड़ा। परन्तु उनकी प्रार्थनाओं के तरीकें और भजन, आदि में निहित सार भी उनकी ईश्वर के प्रति जिज्ञासा को शांत नहीं कर पाया।

गुरु से मिलन:

ब्रह्म समाज से जुड़ने के बाद नरेन्द्र को ब्रह्म समाज के प्रमुख देवेन्द्रनाथ टैगोर से मिलने का मौका मिला और अपनी आदत के अनुसार उनसे पूछा कि "क्या उन्होंने ईश्वर को देखा हैं?", तब देवेन्द्रनाथजी ने उनके प्रश्न का उत्तर देने की बजाय उनसे कहा कि "बेटे, तुम्हारी नज़र एक योगी की हैं।" और इसके बाद भी उनकी ईश्वर की खोज जारी रही।

ब्रह्म समाज से जुड़ने के बाद, परन्तु अपने अध्ययन के दौरान ही सन 1881 में वे दक्षिणेश्वर के रामकृष्ण परमहंस से मिले। श्री रामकृष्ण परमहंस मां काली के मंदिर में पुजारी हुआ करते थे। वे बहुत बड़े विद्वान तो नहीं, परन्तु एक परम भक्त अवश्य थे। जब नरेन्द्र उनसे पहली बार मिले तो अपनी आदत और जिज्ञासा वश उन्होंने रामकृष्ण परमहंस से भी पूछा कि "क्या उन्होंने ईश्वर को देखा हैं ?" तो रामकृष्ण परमहंस ने उत्तर दिया कि "हां, मैंने ईश्वर को देखा हैं और बिल्कुल वैसे ही जैसे मैं तुम्हें देख रहा हूं।"

नरेन्द्र को ऐसा उत्तर देने वाले वे प्रथम व्यक्ति थे और नरेन्द्र उनकी बात की सच्चाई को महसूस भी कर पा रहे थे। उस समय वे पहली बार किसी व्यक्ति से इतना प्रभावित हुए थे। इसके पश्चात् उन्होंने रामकृष्ण परमहंस से कई मुलाकातें की और अपनी जिज्ञासाओं को शांत करने में सक्षम इस व्यक्ति [रामकृष्ण परमहंस] को अपना गुरु बना लिया। इस प्रकार नरेन्द्र ने अपने गुरु की छत्रछाया में 5 सालों तक 'अद्वैत वेदांत' का ज्ञान प्राप्त किया।

रामकृष्ण परमहंस की मृत्यु और मठवासी बनने का निर्णय:

सन 1886 में रामकृष्ण परमहंसकी मृत्यु हो गयी, वे गले के कैंसर से पीड़ित थे। उन्होंने अपना उत्तराधिकारी नरेन्द्र को बनाया था। अपने गुरु की मृत्यु के पश्चात् वे स्वयं और रामकृष्ण परमहंस के अन्य शिष्यों ने सब कुछ त्याग करके, मठवासी बनने की शपथ ली और वे सभी बरंगोर में निवास करने लगे।

स्वामी विवेकानन्द की यात्राएं:

सन 1890 में नरेन्द्र ने लम्बी यात्राएँ की, उन्होंने लगभग पूरे देश में भ्रमण किया। अपनी यात्राओं के दौरान वे वाराणसी, अयोध्या, आगरा, वृन्दावन और अलवर, आदि स्थानों पर गये और इसी दौरान उनका नामकरण हुआ – स्वामी विवेकानन्द के रूप में। यह नाम उन्हें खेत्री के महाराज ने उन्हें दिया था, उनके अच्छे और बुरे में फर्क करके अपने विचार रखने की आदत के कारण। इस यात्रा के दौरान वे राजाओं के महल में भी रुकें और गरीब लोगों के झोपड़ों में भी। इससे उन्हें भारत के विभिन्न क्षेत्रों और वहाँ निवास करने वाले लोगों के संबंध में पर्याप्त जानकारी मिली।

उन्हें समाज में जात–पात के नाम पर फैली तानाशाही के बारे में जानकारी मिली और इस सब से अंततः उन्हें ये समझ आया कि यदि उन्हें एक नये विकसित भारत का निर्माण करना हैं तो उन्हें इन बुराइयों को ख़त्म करना होगा।

अपनी यात्रा के दौरान स्वामी विवेकानन्द के साथ उनका कर्मकुंडल [वाटर पॉट], उनका स्टाफ और 2 किताबें -: श्रीमद् भगवत गीता और दी इमिटेशन ऑफ़ क्रिस्ट हमेशा रहती थी। इस भ्रमण के दौरान उन्होंने भिक्षा भी मांगी।

स्वामी विवेकानन्द का विश्व धर्म सम्मलेन | स्वामी विवेकानन्द का शिकागो भाषण:

सन 1893 में स्वामी विवेकानन्द अमेरिका के शिकागो शहर पहुंचें। यहां सम्पूर्ण विश्व के धर्मों का सम्मेलन आयोजित किया गया था। इस सम्मलेन में एक स्थान पर सभी धर्म गुरुओं ने अपने–अपने धर्म की पुस्तकें रखी थी, वहाँ हमारे देश के धर्म के वर्णन के लिए रखी गयी एक छोटी सी किताब थी – "श्रीमद् भगवत गीता", जिसका कुछ लोग मजाक बना रहे थे, परन्तु जैसे ही स्वामी विवेकानन्द की बारी आई और उन्होंने अपना भाषण देने की शुरुआत की, वैसे ही सारा हॉल तालियों की आवाज से गूंज उठा क्योंकि स्वामी विवेकानन्द के द्वारा अपने भाषण की शुरुआत में कहे गये वे शब्द थे:

"मेरे अमेरिकी भाइयों और बहनों",

इसके बाद उनके द्वारा किये गये धर्म के वर्णन से सभी लोग अभिभूत हो गये और हमारी धार्मिक किताब श्रीमद् भगवत गीता का सभी ने लोहा माना।

स्वामी विवेकानन्द का शिकागो भाषण का अन्य आध्यात्मिक कार्य:

स्वामी विवेकानन्द जी को वहाँ की प्रेस ने "Cyclonic Monk from India" का नाम दिया था। उन्होंने ऐसी ही कई जगहों, घरों, कॉलेजों में अपने व्याख्यान दिए और

उनके वक्तव्य के विषय होते थे -: भारतीयता, बुद्धिज्म और सामंजस्य।

स्वामी विवेकानन्दजी ने लगभग 2 सालों तक पूर्व एवं मध्य यूनाइटेड स्टेट्स में लेक्चर देने में व्यतीत किये, जिनमे मुख्य रूप से शिकागो, न्यू यॉर्क, डेट्रॉइट और बोस्टन शामिल हैं। सन 1894 में न्यू यॉर्क में उन्होंने 'वेदांत सोसाइटी' की स्थापना की।

सन 1895 तक उनके व्यस्त कार्यक्रमों और दिनचर्या का असर उनके स्वास्थ्य पर पड़ने लगा था और इसीलिए अब उन्होंने अपने लेक्चर टूर को विराम दिया और वेदांत और योग के संबंध में निजी कक्षाएं [प्राइवेट क्लास] देने लगे। इस वर्ष में नवम्बर माह में वे एक आयरिश महिला मार्गरेट एलिज़ाबेथ से मिले, जो आगे जाकर उनकी प्रमुख शिष्यों में से एक रही और बाद में उन्हें भगिनी निवेदिता के नाम से जाना गया।

सन 1896 में उन्हें ऑक्सफ़ोर्ड यूनिवर्सिटी के मैक्स मुलर से मिले, जो एक इंडोलोजीस्ट थे और पश्चिम में स्वामी विवेकानन्दजी के गुरु रामकृष्ण परमहंसजी की जीवनी लिखने वाले प्रथम व्यक्ति थे। उनके ज्ञान और विद्वता को देखते हुए हॉवर्ड यूनिवर्सिटी और कोलंबिया यूनिवर्सिटी में अकादमिक पद का प्रस्ताव दिया गया, परन्तु अपने मठवासी जीवन के बन्धनों के कारण स्वामीजी ये प्रस्ताव ठुकरा दिए।

भारत आगमन और रामकृष्ण मिशन की स्थापना:

पश्चिमी देशों की 4 सालों लम्बी भ्रमण यात्रा के बाद सन 1897 में स्वामी विवेकानन्द भारत लौट आये। अपनी यूरोप यात्रा के बाद स्वामी विवेकानन्द हमारे देश के दक्षिणी क्षेत्रों -: पंबन, रामेश्वरम, रामनाद, मदुरै, कुम्बकोनाम और मद्रास में भी अपने लेक्चर देने गये। वे अपने लेक्चर्स में हमेशा निम्न श्रेणी के लोगों के उत्थान की बात कहते थे। इन सभी स्थानों पर सामान्य जनता और राज घरानों ने इनका उत्साह पूर्वक स्वागत किया।

इस दौरान वे ये अनुभव कर चुके थे कि यदि भारत में विकास की नई लहर शुरू करनी हैं तो जातिवाद को ख़त्म करना होगा, धर्म का सही अर्थ लोगों को समझाना होगा और उनका आत्मिक विकास करना होगा और ये सब एक मिशन की स्थापना से ही संभव हैं। तब उन्होंने अपने गुरु के नाम पर 'रामकृष्ण मिशन' की स्थापना की और इसके सिद्धांत और लक्ष्य निश्चित किये, जो कि कर्म योग पर आधारित थे।

अगले 2 साल में वे गंगा नदी के किनारे एक जमीन खरीदने और वहाँ एक भवन का निर्माण कराने में व्यस्त रहें और यहां 'रामकृष्ण मठ' की स्थापना की।

रामकृष्ण मिशन और रामकृष्ण मठ दोनों का ही प्रमुख केंद्र बेलूर मठ हैं।

इनके अलावा स्वामी जी ने अन्य 2 मठों की और स्थापना की, जिसमे से एक

'अद्वैत आश्रम' हैं, जो हिमालय में अल्मोड़ा के पास मायावती में स्थित हैं और दूसरा मद्रास में स्थित हैं। इसके साथ ही 2 जर्नल्स की भी शुरुआत की -: अंग्रेजी भाषा में 'प्रबुद्ध भारत' और बंगाली में 'उद्बोधन'।

विवेकानन्द जी ने शिकागो में प्रथम विज़िट की यात्रा के दौरान जमशेद टाटा को अन्वेषण और शिक्षण संस्थान खोलने के लिए प्रेरित किया गया। इसकी स्थापना के बाद जमशेदजी टाटा ने उन्हें इस संस्थान के प्रमुख पद को ग्रहण करने का प्रस्ताव दिया, परन्तु उन दोनों के बीच 'आध्यात्मिक विचार' न मिलने के कारण स्वामी विवेकानन्दजी ने उनके इस प्रस्ताव को अस्वीकार कर दिया।

स्वामी विवेकानन्द का पश्चिम का दूसरा दौरा और अंतिम वर्ष:

सन 1899 में अपने गिरते स्वास्थ्य के बाबजूद, स्वामी जी ने दूसरी बार अपने पश्चिम के दौरे का निश्चय किया और इस बार उनके साथ उनके शिष्य भगिनी निवेदिता और स्वामी तुरियानंद जी थे। इस दौरान उन्होंने सेन फ्रांसिस्कों और न्यूयॉर्क में 'वेदांत सोसाइटी' की स्थापना की और केलिफोर्निया में 'शांति आश्रम' स्थापित किया।

सन 1900 में वे 'धर्म सभा' हेतु पेरिस चले गये। यहां उनका लेक्चर 'लिंगम की पूजा' और 'श्रीमद् भगवद की सत्यता' पर आधारित था। इस सभा के बाद भी वे अनेक स्थानों पर गये और अंत में 9 दिसंबर, 1900 को कलकत्ता वापस लौट आए और फिर बेलूर में स्थित बेलूर मठ गये। यहां उनसे मिलने वालों में जन साधारण जनता से लेकर, राजा और राजनैतिक नेता भी शामिल होते थे।

सन 1901 में उन्होंने कुछ तीर्थ यात्राएं की, जिनमे उनका बोधगया और वाराणसी जाना, शामिल हैं। गिरते स्वास्थ्य के कारण वे अस्थमा, डायबटीज और नींद न आने जैसी बिमारियों से ग्रसित हो गये।

स्वामी विवेकानन्द की मृत्यु का कारण:

4 जुलाई, 1902 अपनी मृत्यु के दिन, वे प्रातः जल्दी ही उठ गये थे। वे बेलूर मठ गये और वहां 3 घंटों तक ध्यान किया और फिर अपने शिष्यों को शुक्ल – यजुर्वेद, संस्कृत व्याकरण और योग की फिलोसोफी का ज्ञान दिया। शाम को 7 बजे वे अपने कमरे में गये और किसी को भी डिस्टर्ब करने से माना किया। रात 9:10 बजे ध्यान के दौरान उनकी मृत्यु हो गयी। उनके शिष्यों के अनुसार उन्होंने 'महा-समाधी' ली थी। उनका अंतिम संस्कार गंगा नदी के तट पर किया गया।

स्वामी विवेकानन्द की सीख और फिलसोफी:

स्वामी विवेकानन्द जी के विचारों में राष्ट्रीयता हमेशा सम्मिलित रही, वे हमेशा देश और देशवासियों के विकास और उत्थान के लिए कार्यरत रहें। उनका मानना था कि प्रत्येक मनुष्य को अपने जीवन में एक विचार या संकल्प निश्चित करना चाहिए और सम्पूर्ण जीवन उसी संकल्प के लिए न्यौछावर कर देना चाहिए, तभी आप सफलता पा सकेंगे।

स्वामी विवेकानन्द का प्रभाव:

स्वामी विवेकानन्द एक ऐसी हस्ती थे, जिनका प्रभाव कई ऐसे लोगों पर पड़ा, जो स्वयं दूसरों को प्रभावित करने में पूर्णतः सक्षम थे। इन लोगों में मुख्य रूप से शामिल थे -: हमारे राष्ट्रपिता महात्मा गाँधी, सुभाष चन्द्र बोस, ओरोबिन्दो घोष, रबिन्द्रनाथ टेगौर, चक्रवर्ती राजगोपाला चारी, जवाहरलाल नेहरु, बाल गंगाधर तिलक, जमशेदजी टाटा, निकोला टेसला, एनी बेसेंट, रोमेन रोल्लेंड, नरेन्द्र मोदी और एना हजारे, आदि।

स्वामी विवेकानन्द का साहित्यिक कार्य:

बानहट्टी के अनुसार स्वामी विवेकानन्द एक अच्छे चित्रकार, लेखक और गायक थे अर्थात वे अपने आप में एक सम्पूर्ण कलाकार थे। उनके द्वारा लिखे गये निबंध रामकृष्ण मठ और रामकृष्ण मिशन दोनों की ही मैगज़ीन में छपें। उनकी भाषा पर बहुत अच्छी पकड़ थी, जिसके कारण उनके द्वारा दिए गये लेक्चर्स और भी अधिक प्रभावी और समझने में आसान होते थे।

उनके कुछ रचनाए, जो उनके जीवनकाल में ही प्रकाशित हुई, उनका विवरण निम्नानुसार हैं:

- 1887 संगीत कल्पतरु [वैष्णव चरण बसक के साथ]
- 1896 कर्म योग
- 1896 राज योग [न्यू यॉर्क में दिए गये भाषणों के दौरान कही गयी बातों का संकलन]
- 1896 वेदांत फिलोसोफी
- 1897 लेक्चर्स फ्रॉम कोलोंबो टू अल्मोड़ा
- मार्च, 1899 बंगाली रचना – बर्तमान भारत [उद्बोधन में प्रकाशित]
- 1901 माय मास्टर [न्यू यॉर्क की बेकर एंड टेलर कम्पनी द्वारा प्रकाशित]

- 1902 वेदांत फिलोसोफी : जनाना योग पर लेक्चर्स
- स्वामी विवेकानन्द की मृत्यु के बाद प्रकाशित रचनायें:
- 1902 भक्ति योग पर भाषण
- 1909 द ईस्ट एंड द वेस्ट
- 1909 इंस्पायर्ड टॉक्स

– नारद भक्ति सूत्र [अनुवादित रचना]

– परा भक्ति

– प्रैक्टिकल वेदांत

– स्वामी विवेकानन्द के भाषण और लेखन कार्य

– कम्पलीट वर्क्स – स्वामी विवेकानन्द के सभी भाषण, रचनायें और प्रवचन [9 वॉल्यूम में उपलब्ध हैं]

विवेकानन्द मेमोरियल:

अपने जीवनकाल के दौरान 24 दिसंबर, 1892 को स्वामी विवेकानन्द कन्याकुमारी पहुंचे थे और समुद्र पर एक एकांत पहाड़ी पर जाकर ध्यान किया था, जो 3 दिनों तक चला था। यह पहाड़ी आज 'विवेकानन्द मेमोरियल' के रूप में जानी जाती हैं और बहुत प्रसिद्ध दार्शनिक स्थल बन चुकी हैं।

इस प्रकार स्वामी विवेकानन्दजी ने अपना सम्पूर्ण जीवन परोपकार में ही व्यतीत किया और हमारे विकास के लिए नवीन भारत का भी निर्माण किया।

देने का आनंद

स्वामी विवेकानन्द के जीवन की यह एक घटना है। भ्रमण करने एवं भाषणों के बाद स्वामी विवेकानन्द अपने निवास स्थान पर आराम करने के लिए लौटे हुए थे। उन दिनों वे अमेरिका में ठहरे हुए थे और वे अपने ही हाथों से भोजन बनाते थे। वे भोजन करने की तैयारी कर ही रहे थे की कुछ बच्चे उनके पास आकर खड़े हो गए। उनके अच्छे व्यव्हार के कारण बहुत बच्चे उनके पास आते थे। वे सभी बच्चे भूखे मालूम पड़ रहे थे। स्वामी जी ने अपना सारा भोजन बच्चों में बांट दिया।

वहीं पर एक महिला बैठी ये सब देख रही थीं। उसने बड़े ही आश्चर्य से पूछा- 'आपने अपनी सारी रोटियां तो इन बच्चों को दे डाली, अब आप क्या खाएंगे?'

स्वामी जी मुस्कुराते हुए बोले- माता! रोटी तो मात्र पेट की ज्वाला शांत करने वाली वस्तु है। यदि इस पेट न सही तो उनके पेट में ही सही। आखिर वे सब भगवान के अंश ही तो हैं। देने का आनंद, पाने के आनंद से बहुत बड़ा है।

बनती राहें

पोरबन्दर के एक पंडित ने स्वामी विवेकानन्द से कहा- स्वामी जी, यहां भारत में धर्म के अनेक पंडित हैं, यहां आपकी बात कौन सुनेगा? आप विदेश जाएं।

स्वामी विवेकानन्द अमेरिका गए। कुछ दिन भ्रमण करते उनकी जमा पूंजी खत्म हो गयी। एक व्यक्ति ने उन्हें बोस्टन जाने का किराया दिया और विश्व धर्म सम्मेलन के एक सदस्य के नाम पत्र भी। वह भी कहीं खो गया। ठण्ड के मारे उन्हें लकड़ी के बक्से में रात बितानी पड़ी। सुबह पैदल ही चल पड़े। थककर एक आलीशान भवन के नीचे बैठकर सोचने लगे अब क्या करूं? पत्र भी खो गया। धर्म सम्मेलन में प्रवेश कैसे हो?

अन्ततः ईश्वर ने उनकी बात सुन ली। उस महल से एक संभ्रांत महिला दिव्य मुखमण्डल वाले संन्यासी को एक टक देख रही थी। उसने इन्हें ऊपर बुलाया। यह श्रीमती एच. डब्ल्यू. हैल थीं। उनकी पहुंच विश्व सम्मलेन के सदस्यों तक थी। बस! स्वामी जी

को अनौपचारिक रूप से ही सही सम्मेलन में प्रतिनिधित्व प्राप्त हो गया।

कर्म में आस्था

एक बार विवेकानन्द पेरिस गए। वहां उनकी परिचित एक इटालियन डचेस घोड़ागाड़ी पर उन्हें घुमाने ले गई। घोड़ागाड़ी वाला गाड़ी रोक एक पार्क में चला गया। वहां एक बूढ़ी नौकरानी एक लड़का-लड़की का हाथ पकड़ कर बैठी थी। उसने उन बच्चों को प्यार किया।

डचेस को यह सब देखकर अजीब लगा। उन दिनों वहां अमीर-गरीब के बीच बड़ा कठोर वर्ग विभाजन था।

डचेस ने गाड़ी वाले से पूछा- उसने ऐसा क्यों किया। उसने कहा-वे मेरे बच्चे हैं। आप पेरिस के सबसे बड़े बैंक का नाम जानती होंगी?

डचेस ने कहा- मंदी में घाटा होने के कारण वह बंद हो गया है। उसने कहा- मैं उसी बैंक का मैनेजर था। मैंने इतना घाटा उठाया कि उसे चुकाने में कई साल लग जाएंगे। अपनी पत्नी और बच्चों को मैंने एक किराए के मकान में रखा है। कर्ज चुका देने के बाद मैं फिर से एक बैंक खोलूंगा। यकीनन मैं इस बार कोई भूल नहीं करूंगा।

उस व्यक्ति का आत्मविश्वास देखकर विवेकानन्द ने डचेस से कहा- यह व्यक्ति वास्तव में वेदांती है। इसे वेदांत का मर्म मालूम है। इतनी ऊंची सामाजिक स्थिति से गिरने के बाद भी अपने व्यक्तित्व और कर्म पर उसकी आस्था डिगी नहीं है। यह अपने प्रयोजन में अवश्य सफल होगा।

लक्ष्य पर ध्यान लगाओ

एक बार स्वामी विवेकानन्द अमेरिका में भ्रमण कर रहे थे। अचानक, एक जगह से गुजरते हुए उन्होंने पुल पर खड़े कुछ लड़कों को नदी में तैर रहे अंडे के छिलकों पर बन्दूक से निशाना लगाते देखा। किसी भी लड़के का एक भी निशाना सही नहीं लग रहा था। तब उन्होंने ने एक लड़के से बन्दूक ली और खुद निशाना लगाने लगे। उन्होंने

पहला निशाना लगाया और वो बिलकुल सही लगा, फिर एक के बाद एक उन्होंने कुल बारह निशाने लगाए। सभी बिलकुल सटीक लगे।

ये देख लड़के दंग रह गए और उनसे पुछा- स्वामी जी, भला आप ये कैसे कर लेते हैं ? आपने सारे निशाने बिलकुल सटीक कैसे लगा लिए ?

स्वामी विवेकनन्द जी बोले असंभव कुछ नहीं है, तुम जो भी कर रहे हो अपना पूरा दिमाग उसी एक काम में लगाओ। अगर तुम निशाना लगा रहे हो तो तम्हारा पूरा ध्यान सिर्फ अपने लक्ष्य पर होना चाहिए। तब तुम कभी चूकोगे नहीं। यदि तुम अपना पाठ पढ़ रहे हो तो सिर्फ पाठ के बारे में सोचो।

महानता

स्वामी विवेकानन्द को यह एहसास हो गया था कि उन्हें जनजीवन की समृद्धि के लिए ही काम करना है। इसके बाद वह दुनिया भर में भ्रमण करते रहे और नए-नए अनुभव बटोरते रहे।

एक बार स्वामी जी जब लाहौर की यात्रा पर थे तो उन्हें उनके बाल सखा मोतीलाल घोष मिले। वे वहां एक सर्कस कंपनी के मालिक थे। मोतीलाल घोष स्वामी जी की कीर्ति से वाकिफ थे। वह पसोपेश में थे कि अपने बचपन के मित्र को किस संबोधन से पुकारें।

उन्होंने जब अपनी समस्या विवेकानन्द के सामने रखी तो वे बोले- मैं तुम्हारा बाल सखा नरेन्द्र नाथ हूं। तुम मुझे नरेन्द्र पुकारो। मोतीलाल की दुविधा दूर हो गई। शायद वह समझ नहीं पाए थे कि बड़े आदमी की यही महानता होती है, वे महान होकर भी अपनी महानता का घमंड नहीं करते और हमेशा आडंबरों से दूर रहते हैं।

सच का साथ न छोड़े

स्वामी विवेकानन्द प्रारंभ से ही एक मेधावी छात्र थे और सभी लोग उनके व्यक्तित्व और वाणी से प्रभावित रहते थे। जब वो अपने साथी छात्रों से कुछ बताते तो सब मंत्रमुग्ध हो कर उन्हें सुनते थे। एक दिन कक्षा में वो कुछ मित्रों को कहानी सुना रहे

थे, सभी उनकी बातें सुनने में इतने मग्न थे की उन्हें पता ही नहीं चला की कब मास्टर जी कक्षा में आए और पढ़ाना शुरू कर दिया। मास्टर जी ने अभी पढ़ना शुरू ही किया था कि उन्हें कुछ फुसफुसाहट सुनाई दी। कौन बात कर रहा है? मास्टर जी ने तेज आवाज में पूछा। सभी छात्रों ने स्वामी जी और उनके साथ बैठे छात्रों की तरफ इशारा कर दिया। मास्टर जी क्रोधित हो गए।

उन्होंने तुरंत उन छात्रों को बुलाया और पाठ से संबधित प्रश्न पूछने लगे। जब कोई भी उत्तर नहीं दे पाया। तब अंत में मास्टर जी ने स्वामी जी से भी वही प्रश्न किया, स्वामी जी तो मानो सब कुछ पहले से ही जानते हों, उन्होंने आसानी से उस प्रश्न का उत्तर दे दिया। यह देख मास्टर जी को यकीन हो गया कि स्वामी जी पाठ पर ध्यान दे रहे थे और बाकी छात्र बातचीत में लगे हुए थे। फिर क्या था।

उन्होंने स्वामी जी को छोड़ सभी को बेंच पर खड़े होने की सजा दे दी। सभी छात्र एक-एक कर बेंच पर खड़े होने लगे, स्वामी जी ने भी यही किया। मास्टर जी बोले- नरेन्द्र तुम बैठ जाओ! नहीं सर, मुझे भी खड़ा होना होगा क्योंकि वो मैं ही था जो इन छात्रों से बात कर रहा था। स्वामी जी ने आग्रह किया। सभी उनकी सच बोलने की हिम्मत देख बहुत प्रभावित हुए।

मुसीबत से डरो नहीं, उसका सामना करो

एक बार बनारस में स्वामी विवेकनन्द जी मां दुर्गा जी के मंदिर से निकल रहे थे कि तभी वहां मौजूद बहुत सारे बंदरों ने उन्हें घेर लिया। वे उनसे प्रसाद छिनने लगे वे उनके नजदीक आने लगे और डराने भी लगे। स्वामी जी बहुत भयभीत हो गए और खुद को बचाने के लिए दौड़ कर भागने लगे। वो बन्दर तो मानो पीछे ही पड़ गए और वे भी उन्हें पीछे पीछे दौड़ाने लगे।

पास खड़े एक वृद्ध सन्यासी ये सब देख रहे थे, उन्होनें स्वामी जी को रोका और कहा- रुको ! डरो मत, उनका सामना करो और देखो क्या होता है। वृद्ध सन्यासी की ये बात सुनकर स्वामी जी तुरंत पलटे और बंदरों के तरफ बढ़ने लगे। उनके आश्चर्य का ठिकाना नहीं रहा जब उनके ऐसा करते ही सभी बन्दर तुरंत भाग गए। उन्होनें वृद्ध सन्यासी को इस सलाह के लिए बहुत धन्यवाद किया।

इस घटना से स्वामी जी को एक गंभीर सीख मिली और कई सालों बाद उन्होंने एक संबोधन में इसका जिक्र भी किया और कहा- यदि तुम कभी किसी चीज से भयभीत हो, तो उससे भागो मत, पलटो और सामना करो। वाकई, यदि हम भी अपने जीवन में आये समस्याओं का सामना करें और उससे भागें नहीं तो बहुत सी समस्याओं का समाधान हो जाएगा।

मां से बढ़कर कोई नहीं

स्वामी विवेकानन्द जी से एक जिज्ञासु ने प्रश्न किया, मां की महिमा संसार में किस कारण से गाई जाती है? स्वामी जी मुस्कराए, उस व्यक्ति से बोले, पांच सेर वजन का एक पत्थर ले आओ। जब व्यक्ति पत्थर ले आया तो स्वामी जी ने उससे कहा, अब इस पत्थर को किसी कपड़े में लपेटकर अपने पेट पर बांध लो और चौबीस घंटे बाद मेरे पास आओ तो मैं तुम्हारे प्रश्न का उत्तर दूंगा।

स्वामी जी के आदेशानुसार उस व्यक्ति ने पत्थर को अपने पेट पर बांध लिया और चला गया। पत्थर बंधे हुए दिनभर वो अपना कम करता रहा, किन्तु हर क्षण उसे परेशानी और थकान महसूस हुई। शाम होते-होते पत्थर का बोझ संभाले हुए चलना फिरना उसके लिए असह्य हो उठा। थका मांदा वह स्वामी जी के पास पंहुचा और बोला मैं इस पत्थर को अब और अधिक देर तक बांधे नहीं रख सकूंगा।

एक प्रश्न का उत्तर पाने क लिए मै इतनी कड़ी सजा नहीं भुगत सकता स्वामी जी मुस्कुराते हुए बोले, पेट पर इस पत्थर का बोझ तुमसे कुछ घंटे भी नहीं उठाया गया। मां अपने गर्भ में पलने वाले शिशु को पूरे नौ माह तक ढोती है और घर का सारा काम करती है। संसार में मां के सिवा कोई इतना धैर्यवान और सहनशील नहीं है। इसलिए मां से बढ़ कर इस संसार में कोई और नहीं।

नारी का सदैव सम्मान करें

एक विदेशी महिला स्वामी विवेकानन्द के समीप आकर बोली मैं आपस

शादी करना चाहती हूं।

विवेकानन्द बोले क्यों ? मुझसे क्यों ?

क्या आप जानती नहीं की मैं एक सन्यासी हूं ? औरत बोली मैं आपके जैसा ही गौरवशाली, सुशील और तेजोमयी पुत्र चाहती हूं और वो वह तब ही संभव होगा। जब आप मुझसे विवाह करेंगे।

विवेकानन्द बोले हमारी शादी तो संभव नहीं है, परन्तु हां एक उपाय है। औरत- क्या ? विवेकानन्द बोले आज से मैं ही आपका पुत्र बन जाता हूं। आज से आप मेरी मां बन जाओ। आपको मेरे रूप में मेरे जैसा बेटा मिल जाएगा। औरत विवेकानन्द के चरणों में गिर गयी और बोली की आप साक्षात् ईश्वर के रूप है।

इसे कहते है पुरुष और ये होता है पुरुषार्थ। एक सच्चा पुरुष सच्चा मर्द वो ही होता है जो हर नारी के प्रति अपने अन्दर मातृत्व की भावना उत्पन्न कर सके।

जब अंग्रेज बने बिल्ली

एक बार स्वामी विवेकानन्द रेल में यात्रा कर रहे थे। वह जिस कोच में बैठे थे, उसी कोच में एक महिला भी अपने बच्चे के साथ यात्रा कर रही थी। एक स्टेशन पर दो अंग्रेज अफसर उस कोच में चढ़े और महिला के सामने वाली सीट पर आकर बैठ गए। कुछ देर बाद दोनों अंग्रेज अफसर उस महिला पर अभद्र टिप्पणियां करने लगे। वह महिला अंग्रेजी नहीं समझती थी तो चुप रही। उन दिनों भारत अंग्रेजों का गुलाम था। अंग्रेजों का भारतीयों के प्रति दुर्व्यवहार आम बात थी।

धीरे-धीरे दोनों अंग्रेज महिला को परेशान करने पर उतर आए। कभी उसके बच्चे का कान उमेठ देते, तो कभी उसके गाल पर चुटकी काट लेते। परेशान होकर उस महिला ने अगला स्टेशन आने पर एक दूसरे कोच में बैठे पुलिस के भारतीय सिपाही से शिकायत की। शिकायत पर वह सिपाही उस कोच में आया भी लेकिन अंग्रेजों को देखकर वह बिना कुछ कहे ही वापस चला गया। रेल के फिर से चलने पर दोनों अंग्रेज अफसरों ने अपनी हरकतें फिर से शुरू कर दीं। विवेकानन्द काफी देर से यह सब देख-सुन रहे थे। वह समझ गए थे कि ये अंग्रेज इस तरह नहीं मानेंगे। वह अपने स्थान से उठे और जाकर उन अंग्रेजों के सामने खड़े हो गए।

उनकी सुगठित काया देखकर अंग्रेज सहम गए। पहले तो विवेकानन्द ने उन दोनों की आंखों में घूरकर देखा। फिर अपने दायें हाथ के कुरते की आस्तीन ऊपर चढ़ा ली और हाथ मोड़कर उन्हें अपने बाजुओं की सुडौल और कसी हुए मांसपेशियां दिखाई। विवेकानन्द के रवैये से दोनों अंग्रेज अफसर डर गए और अगले स्टेशन पर वह दूसरे कोच में जाकर बैठ गए। बाद में विवेकानन्द ने अपने एक प्रवचन में यही घटना सुनाते हुए कहा कि जुल्म को जितना सहेंगे, वह उतना ही मजबूत होगा। अत्याचार के खिलाफ तुरंत आवाज उठानी चाहिए।

▣▣▣

जब मुस्लिम परिवार के मेहमान बने स्वामी विवेकानन्द

15 अगस्त 1886 को रामकृष्ण परमहंस जी के देहावसान के बाद उनके सभी भक्त तीर्थ यात्रा एवं अन्यत्र परिव्रज्या के लिए निकल गए। मां शारदा भी कामारपकुर चली गईं।

विवेकानन्द भ्रमण करते-करते कोटा पहुंचे। वहां स्वामीजी एक मुसलमान वकील के घर पर ठहरे। धीरे-धीरे कोटा शहर के संभ्रांत विद्वत समाज को भी स्वामीजी के बारे में पता चला। वे उन वकील के घर पहुंचे। उनमें से एक विद्वान ने स्वामीजी से कहा- 'आप एक हिंदू संन्यासी हैं और ये वकील मुसलमान। इनके बच्चे आपके बर्तन, भोजन इत्यादि को छू देते होंगे। यह शास्त्र परंपरा के विरुद्ध है।'

स्वामीजी ने हंसते हुए कहा- 'मुझे शास्त्र और परंपरा की चिंता इसलिए नहीं है कि संन्यासी सभी वर्णाश्रम बंधन से ऊपर और नियमों से परे होता है। परंतु मुझे आप जैसे अल्पज्ञ और धर्ममोहित परंपरावादी से अवश्य भय है।' वह व्यक्ति स्वामीजी के मुख की ओर देखता रहा गया।

इस तरह स्वामीजी ने किसी को प्रसन्न करने के लिए अपनी बात को तोड़-मरोड कर नहीं रखा वरन जो हृदय का सच है वह सहज सरल शब्दों में व्यक्त किया।

▣▣▣

गुरु ही ईश्वर है

स्वामी विवेकानन्द एक बार एक रेलवे स्टेशन पर बैठे थे उनका अयाचक (ऐसा व्रत जिसमें किसी से मांग कर भोजन नहीं किया जाता) व्रत था। वह व्रत में किसी से कुछ मांग भी नहीं सकते थे। एक व्यक्ति उन्हें चिढ़ाने के लहजे से उनके सामने खाना खा रहा था।

स्वामी जी दो दिन से भूखे थे और वह व्यक्ति कई तरह के पकवान खा रहा था और बोलता जा रहा था कि बहुत बढ़िया मिठाई है। विवेकानन्द ध्यान की स्थिति में थे और अपने गुरुदेव को याद कर रहे थे।

वह मन ही मन में बोल रहे थे कि गुरुदेव आपने जो सीख दी है उससे अभी भी मेरे मन में कोई दुःख नहीं है। ऐसा कहते विवेकानन्द शांत बैठे थे। दोपहर का समय था। उसी नगर में एक सेठ को भगवान राम ने दर्शन दिए और कहा कि रेलवे स्टेशन पर मेरा भक्त एक संत आया है उसे भोजन करा कर आओ उसका अयाचक व्रत है जिसमें किसी से कुछ मांग कर खाना नहीं खाया जाता है तो आप जाओ और भोजन करा कर आओ।

सेठ ने सोचा यह महज कल्पना है। दोपहर का समय था सेठ फिर से करवट बदल कर सो गया। भगवान ने दोबारा दर्शन दिए और सेठ से कहा कि तुम मेरा व्रत रखते और तुम मेरा इतना सा भी काम नहीं करोगे। जाओ और संत को भोजन करा कर आओ।

तब सेठ सीधा विवेकानन्द के पास पहुंच गया और वह उनसे बोला कि में आपके लिए भोजन लाया हूं। सेठ बोला में आपको प्रणाम करना चाहता हूं कि ईश्वर ने मुझे सपने में कभी दर्शन नहीं दिए आपके कारण मुझे रामजी के दर्शन सपने में हो गए इसलिए में आपको प्रणाम कर रहा हूं।

विवेकानन्द की आंख में आंसू आ गए कि मैनें याद तो मेरे गुरुदेव को किया था। गुरुदेव और ईश्वर की कैसी महिमा है। स्वामी विवेकानन्द की आंख के आंसू रुक नहीं रहे थे। तब उन्हें लगा कि गुरु ही ईश्वर हैं।

स्वामी जी ने सुना वेश्या का गीत

स्वामी विवेकानन्द को विदेश जाने से पहले एक बार खेतड़ी (राजस्थान) जाना पड़ा क्योंकि वहां के महाराजा की कोई संतान नहीं थी और स्वामीजी के आशीर्वाद से पुत्ररत्न की प्राप्ति हुई थी। इसी की खुशी में एक उत्सव मनाया जा रहा था। दरबार में कई सामंत, प्रजाजन और कलाकार उपस्थित थे।

कार्यक्रम के आखिरी में एक गणिका (वेश्या) अपना नृत्य और गीत प्रस्तुत करने के लिए उपस्थित हुई। स्वामीजी तत्काल सभाग्रह से उठकर अपने कक्ष में चले गए। गणिका को यह अच्छा नहीं लगा और उसने मधुर कंठ से गीत गाया, 'प्रभुजी मोरे अवगुण चित न धरो'।

स्वामीजी ने जब यह गीत सुना तो वे अपने कमरे से वापस सभाग्रह में आए और कार्यक्रम में उपस्थित रहे। स्वामीजी ने सोच, मैं वितराग संन्यासी हूं और मुझमें नारी और पुरुष के प्रति यह भेदबुद्धि नहीं होना चाहिए।

स्वामी जी ने पिया हुक्का

बात सन् 1886 की है। यात्रा के दौरान स्वामी विवेकानन्द हाथरस स्टेशन पर उतरे। वहां उनका स्वास्थ्य खराब हो गया। हाथरस के स्टेशन मास्टर सुरेंद्र गुप्ता ने स्वामीजी को अपने घर ले जाकर सेवा की और उनसे इतने प्रभावित हुए कि स्वयं भी संन्यास लेने की इच्छा प्रकट कर दी।

स्वामीजी ने शर्त रखी, 'क्या तुम ये मेरी झोली उठाकर अपने कुली और खलासी आदि से भिक्षा मांग सकते हो।' स्टेशन मास्टर ने झोली उठाई। स्टेशन पर ही लोगों से भीख मांगी और स्वामीजी को अर्पित की। ये ही सुरेंद्र गुप्ता स्वामीजी के पहले शिष्य हुए।

पैदल जाते हुए रास्ते में उन्हें एक मैला-कुचैला व्यक्ति हुक्का पीते हुए दिखाई दिया। स्वामीजी उसके पास गए और हुक्का मांगा। वह व्यक्ति पीछे हट गया और बोला- 'मैं मेहतर हूं। मैं आपको हुक्का नहीं दे सकता।' स्वामीजी वहां से चल दिए।

कुछ दूर जाकर वापस पलटकर आए और उस व्यक्ति से हुक्का लेकर पीया और

मन में सोचा, 'मैं तो संन्यासी हूं। मुझे इस प्रकार के भेदभाव से ऊंचा उठाना चाहिए।'

सेवक राजा के चित्र पर थूक न सका

खेतड़ी (राजस्थान) के महाराजा स्वामी विवेकानन्द का बहुत सम्मान करते थे। स्वामीजी मूर्ति पूजा में विश्वास रखते थे, परंतु महाराज की सोच इससे ठीक विपरीत थी। एक बार महाराजा ने कहा, स्वामीजी मूर्ति में क्या ईश्वर होता है?

जिस कक्ष में यह चर्चा चल रही थी, उसमें महाराज का एक चित्र लगा था। स्वामीजी ने उनके नौकर से कहा, यह चित्र उतारो। नौकर ने ऐसा ही किया। इसके बाद स्वामीजी ने उससे कहा, इस चित्र पर थूक दो। सेवक यह दुस्साहस न कर सका।

इस पर स्वामीजी ने राजा से कहा, यह तो मात्र कागज का टुकड़ा है। इससे आपका अपमान नहीं होगा। फिर भी सेवक ने नहीं थूका। एक प्रकार से इस चित्र में आप पूरी तरह से विद्यमान हैं। इसलिए आपका यह श्रद्धालु-सेवक इसका अपमान नहीं कर सका। यही बात मूर्ति पूजा पर लागू होती है।

नरेन्द्र अब तू विदेश जा सकता है

एक बार की बात है स्वामीजी विदेश यात्रा की तैयारी कर रहे थे। इससे ठीक पहले अलवर के महाराजा ने अपने बेटे के जन्मदिन पर उन्हें आमंत्रित किया। स्वामीजी अलवर गए। वहां कार्यक्रमों में हिस्सा लिया। तभी उन्हें ख्याल आया कि मां शारदा से विदेश जाने की अनुमति तो ली ही नहीं। मां की अनुमति के बगैर यह काम कैसे होगा?

यह विचार आते ही विवेकानन्द सारे काम छोड़कर तुरंत जयराम वाटी (बंगाल) पहुंचे। वहां मां शारदा सब्जी साफ कर रही थीं। स्वामीजी मां के पास आते हैं और कहते हैं, 'मां विदेश जा रहा हूं। गुरुदेव का संदेश पूरी दुनिया में फैलाऊंगा।'

इस पर मां शारदा ने कहा, अच्छा जाओ, लेकिन वो वहां पड़ा चाकू मुझे दे जाओ। विवेकानन्द चाकू उठाते हैं और धार वाला हिस्सा खुद पकड़ते हुए हत्थे वाला हिस्सा मां की ओर बढ़ाते हैं।

मां शारदा चाकू लेती हैं और कहती हैं, 'नरेन्द्र अब तू जरूर विदेशों में जा सकता है, क्योंकि तेरी सोच ऐसी है कि तू कठिनाइयां स्वयं झेलता है और दूसरों के भले की सोचता है तो तू परमहंस देव का संदेश दुनिया में फैलाने में सफल होगा।' इसके बाद मां शारदा का आशीर्वाद लेकर विवेकानन्द विदेशों में जाते हैं और भारते के ज्ञान को दुनिया में फैलाते हैं।

सज्जनता की पहचान

एक बार पगड़ी, धोती पहने और कंधों पर चादर डाले, स्वामी विवेकानन्द शिकागो की सड़कों से गुजर रहे थे। उनकी यह वेशभूषा अमेरिकी निवासियों के लिए कौतूहल की बात थी। उनके पीछे चल रही एक महिला ने व्यंग्य भरे लहजे में अपने साथी पुरुष से कहाक- देखो, महाशय ने कैसी अनोखी पोशाक पहनी हुई है।

स्वामीजी को समझते देर न लगी कि वे लोग उनकी वेशभूषा को हेय नजरों से देख रहे हैं। वे रुके और पीछे आने वाली उस भद्र महिला को सम्बोधित कर बोले, 'बहन! मेरे इन कपड़ों को देखकर आश्चर्य मत करो। तुम्हारे देश में कपड़े ही सज्जनता की कसौटी हैं, पर जिस देश से मैं आया हूं, वहां सज्जनता की पहचान मनुष्य के कपड़ों से नहीं, उसके चरित्र से होती है।'

दो पैसे का काम, तीस साल की बलि!

स्वामी विवेकानन्द एक बार कहीं जा रहे थे। रास्ते में नदी पड़ी तो वे वहीं रुक गए क्योंकि नदी पार कराने वाली नाव कहीं गई हुई थी। स्वामीजी बैठकर राह देखने लगे कि उधर से नाव लौटे तो नदी पार की जाए।

एकाएक वहां एक महात्मा भी आ पहुंचे। स्वामीजी ने अपना परिचय देते हुए उनका परिचय लिया। बातों ही बातों में महात्माजी को पता चला की स्वामीजी नदी किनारे नाव की प्रतीक्षा कर रहे हैं।

महात्मा जी बोले, अगर ऐसी छोटी-मोटी बाधाओं को देखकर रुक जाओगे तो

दुनिया में कैसे चलोगे? तुम तो स्वामी हो, बड़े आध्यात्मिक गुरु और दार्शनिक माने जाते हो। जरा सी नदी नहीं पार कर सकते? देखो, नदी ऐसे पार की जाती है।

महात्मा जी खड़े हुए और पानी की सतह पर तैरते हुए लंबा चक्कर लगाकर वापस स्वामी जी के पास आ खड़े हुए। स्वामीजी ने आश्चर्य चकित होते हुए पूछा- महात्माजी, यह सिद्धि आपने कहां और कैसे पाई?

महात्मा जी मुस्कुराए और बड़े गर्व से बोले, यह सिद्धि ऐसे ही नहीं मिल गई। इसके लिए मुझे हिमालय की गुफाओं में तीस साल तपस्या करनी पड़ी।

महात्मा की इन बातों को सुनकर स्वामी जी मुस्करा कर बोले, आपके इस चमत्कार से मैं आश्चर्यचकित तो हूं लेकिन नदी पार करने जैसे काम जो दो पैसे में हो सकता है, उसके लिए आपने अपनी जिंदगी के तीस साल बर्बाद कर दिए।

यानी दो पैसे के काम के लिए तीस साल की बलि ! ये तीस साल अगर आप मानव कल्याण के किसी कार्य में लगाते या कोई दवा खोजने में लगाते, जिससे लोगों को रोग से मुक्ति मिलती तो आपका जीवन सचमुच सार्थक हो जाता।

नित्य अभ्यास से बढ़ेगी चमक

विवेकानन्द रोज की तरह अपने पीतल के लोटे को मांज रहे थे। काफी देर तक लोटा मांजने के बाद जब वह उठे तो उनके एक शिष्य ने सवाल किया कि रोज-रोज इतनी देर तक इस लोटे को मांजने की क्या जरूरत है? सप्ताह में एक बार मांज लें या ज्यादा से ज्यादा तीन बार। बाकी दिनों में तो इसे पानी से सिर्फ खंगाल कर काम चलाया जा सकता है। इससे इसकी चमक बहुत फीकी तो नहीं होगी। विवेकानन्द ने कहा- 'बात तो सही ही कहते हो। रोज-रोज पांच-दस मिनट इसमें बर्बाद ही होते हैं।' उसके बाद उन्होंने उसे नही मांजा।

कुछ ही दिनों में उस लोटे की चमक फीकी पड़ने लगी। सप्ताह भर बाद विवेकानन्द ने उस शिष्य को बुलाया और कहा कि मैंने इसे रोज मांजना छोड़ दिया, अब आज फुरसत में हो तो इस लोटे को साफ कर दो। शिष्य ने हामी भरी और कुएं पर ले जाकर मूंज से लोटे को मांजना शुरू कर दिया। बहुत देर मांजने के बाद भी वह पहले वाली चमक नहीं ला सका। फिर और मांजा, तब जाकर लोटा कुछ चमका।

विवेकानन्द मुस्कुराए और बोले, 'इस लोटे से सीखो। जब तक इसे रोज मांजा जाता रहा, यह रोज चमकता रहा। तुमको इसकी रोज की चमक एक सी लगती होगी, जबकि मुझे यह रोज थोड़ा सा और ज्यादा चमकदार दिखता था। मैं इसे जितना मांजता, यह उतना ज्यादा चमकता। एक दिन तुमने कहा तो मैंने इसे मांजना छोड़ दिया, फलस्वरूप इसकी चमक जाती रही। ठीक ऐसे ही विद्यार्थी होता है। अगर रोज अभ्यास करे तो ऐसे ही रोज चमकेगा। तुम एक दिन अभ्यास छोड़ोगे तो तुम्हारी चमक फीकी पड़ जाएगी। पहले जैसी चमक पाने के लिए तुम्हें फिर और वक्त बर्बाद करना पड़ेगा। इसलिए अगर समाज को मजबूत स्तंभ देना चाहते हो तो नियमित अभ्यास करो। तभी इस लोटे की तरह चमक कर समाज में रोशनी बिखेरोगे।'

मंजिल की पहचान करें

एक बार स्वामी विवेकानन्द के आश्रम में एक व्यक्ति आया जो देखने में बहुत दुःखी लग रहा था। वह व्यक्ति आते ही स्वामी जी के चरणों में गिर पड़ा और बोला कि, महाराज मैं अपने जीवन से बहुत दुःखी हूं मैं अपने दैनिक जीवन में बहुत मेहनत करता हूं, काफी लगन से भी काम करता हूं लेकिन कभी भी सफल नहीं हो पाया। भगवान ने मुझे ऐसा नसीब क्यों दिया है कि मैं पढ़ा लिखा और मेहनती होते हुए भी कभी कामयाब नहीं हो पाया हूं, धनवान नहीं हो पाया हूं।

स्वामी जी उस व्यक्ति की परेशानी को पल भर में ही समझ गए। उन दिनों स्वामी जी के पास एक छोटा सा पालतू कुत्ता था, उन्होंने उस व्यक्ति से कहा- 'तुम कुछ दूर जरा मेरे कुत्ते को सैर करा लाओ फिर मैं तुम्हारे सवाल का जवाब दूंगा।'

आदमी ने बड़े आश्चर्य से स्वामी जी की ओर देखा और फिर कुत्ते को लेकर कुछ दूर निकल पड़ा। काफी देर तक अच्छी खासी सैर करा कर जब वो व्यक्ति वापस स्वामी जी के पास पहुंचा तो स्वामी जी ने देखा कि उस व्यक्ति का चेहरा अभी भी चमक रहा था जबकि कुत्ता हांफ रहा था और बहुत थका हुआ लग रहा था। स्वामी जी ने व्यक्ति से कहा- 'कि ये कुत्ता इतना ज्यादा कैसे थक गया जबकि तुम तो अभी भी साफ सुथरे और बिना थके दिख रहे हो।' तो व्यक्ति ने कहा- 'मैं तो सीधा साधा अपने रास्ते पे चल रहा था लेकिन ये कुत्ता गली के सारे कुत्तों के पीछे भाग रहा था और लड़कर फिर वापस मेरे

पास आ जाता था। हम दोनों ने एक समान रास्ता तय किया है लेकिन फिर भी इस कुत्ते ने मेरे से कहीं ज्यादा दौड़ लगाई है इसीलिए ये थक गया है।'

स्वामी जी ने मुस्कुरा कर कहा- 'यही तुम्हारे सभी प्रश्नों का जवाब है, तुम्हारी मंजिल तुम्हारे आस पास ही है वो ज्यादा दूर नहीं है लेकिन तुम मंजिल पे जाने की बजाय दूसरे लोगों के पीछे भागते रहते हो और अपनी मंजिल से दूर होते चले जाते हो।'

अभ्यास से आती है मन की शक्ति

यह बात उन दिनों की है जब स्वामी विवेकानन्द देश भ्रमण में थे। साथ में उनके एक गुरु भाई भी थे। स्वाध्याय, सत्संग एवं कठोर तप का अविराम सिलसिला चल रहा था। जहां कहीं अच्छे ग्रंथ मिलते, वे उनको पढ़ना नहीं भूलते थे। किसी नयी जगह जाने पर उनकी सब से पहली तलाश किसी अच्छे पुस्तकालय की रहती।

एक जगह एक पुस्तकालय ने उन्हें बहुत आकर्षित किया। उन्होंने सोचा, क्यों न यहां थोड़े दिनों तक डेरा जमाया जाए। उनके गुरुभाई उन्हें पुस्तकालय से नयी-नयी किताबें लाकर देते थे। स्वामीजी उन्हें पढ़कर अगले दिन वापस कर देते।

रोज नयी किताबें वह भी पर्याप्त पृष्ठों वाली इस तरह से देते एवं वापस लेते हुए उस पुस्तकालय का अधीक्षक बड़ा हैरान हो गया। उसने स्वामी जी के गुरु भाई से कहा- 'क्या आप इतनी सारी नयी-नयी किताबें केवल देखने के लिए ले जाते हैं? यदि इन्हें देखना ही है, तो मैं यों ही यहां पर दिखा देता हूं। रोज इतना वजन उठाने की क्या जरूरत है।'

लाइब्रेरियन की इस बात पर स्वामी जी के गुरु भाई ने गंभीरतापूर्वक कहा- 'जैसा आप समझ रहे हैं वैसा कुछ भी नहीं है। हमारे गुरु भाई इन सब पुस्तकों को पूरी गंभीरता से पढ़ते हैं, फिर वापस करते हैं।'

इस उत्तर से आश्चर्यचकित होते हुए लाइब्रेरियन ने कहा, यदि ऐसा है तो मं उनसे जरूर मिलना चाहूंगा। अगले दिन स्वामी जी उससे मिले और कहा, महाशय, आप हैरान न हों। मैंने न केवल उन किताबों को पढ़ा है, बल्कि उनको याद भी कर लिया है। इतना कहते हुए उन्होंने वापस की गयी कुछ किताबें उसे थमायी और उनके कई महत्वपूर्ण अंशों को शब्दशः सुना दिया।

लाइब्रेरियन चकित रह गया। उसने उनकी याददाश्त का रहस्य पूछा। स्वामी जी

बोले- 'अगर पूरी तरह एकाग्र होकर पढ़ा जाए, तो चीजें दिमाग में अंकित हो जाती हैं। पर इसके लिए आवश्यक है कि मन की धारणशक्ति अधिक से अधिक हो और वह शक्ति अभ्यास से आती है।'

अच्छी नियत मृत्यु को भी मात दे सकती है

स्वामी जी अपने एक अंग्रेज मित्र तथा कु. मूलर के साथ मैदान में टहल रहे थे। उसी समय एक पागल सांड तेजी से उनकी ओर बढ़ने लगा। अंग्रेज सज्जन भाग कर पहाड़ी के दूसरी छोर पर जा खड़े हुए। कु. मूलर भी जितना हो सका दौड़ी और घबराकर गिर पड़ीं। स्वामीजी ने उन्हें सहायता पहुंचाने का कोई और उपाय न देख खुद सांड के सामने खड़े हो गये और सोचने लगे, चलो, अंत आ ही पहुंचा।

बाद में उन्होंने बताया था कि उस समय उनका मन हिसाब करने में लगा हुआ था कि सांड उन्हें कितनी दूर फेंकेगा। लेकिन कुछ देर बाद वह ठहर गया और पीछे हटने लगा। अपने कायरतापूर्ण पलायन पर वे अंग्रेज बड़े लज्जित हुए। कु. मूलर ने पूछा कि वे ऐसी खतरनाक स्थिति से सामना करने का साहस कैसे जुटा सके? स्वामीजी ने पत्थर के दो टुकड़े उठाकर उन्हें आपस में टकराते हुए कहा, खतरे और मृत्यु के समक्ष मैं स्वयं को चकमक पत्थर के समान सबल महसूस करता हूं, क्योंकि मैंने ईश्वर के चरण स्पर्श किये हैं।

निःस्वार्थ सेवा में मिलेगी शांति

एक दिन एक साधु स्वामी विवेकानन्द के पास आया। वह चिंतित प्रतीत हो रहा था। अभिवादन करने के उपरांत उसने अपनी व्यथा स्वामी जी को सुनाई- 'स्वामी जी! मुझे शांति नहीं मिलती। मैंने सब कुछ त्याग दिया है। मोह माया के बंधनों से मुक्त हो गया हूं। फिर भी मन सदा भटकता रहता है। एक दिन मैं अपने एक गुरू के पास गया। मेरी व्यथा सुनकर उन्होंने मुझे एक मंत्र दिया और कहा कि उसके जाप से मुझे अनहदनाद सुनाई देगा और मेरा मन शांत हो जाएगा। मैंने उस मंत्र का जाप करने पर भी मुझे शांति नसीब नहीं हुई। मैं बहुत परेशान हूं स्वामी जी। आप कुछ समाधान बताइये।'

कहते हुए उस साधु की आंखें नम हो गई।

स्वामी जी बड़े ध्यान से उसकी बातें सुन रहे थे। बात समाप्त होने पर उन्होंने पूछा- 'मान्यवर! क्या आप वास्तव में शांति चाहते है?'

'जी स्वामीजी! इसी आस में मैं आपके पास आया हूं।' साधू ने उत्तर दिया।

'तो ठीक है। मैं तुम्हें शांति प्राप्त करने का सरल मार्ग बताता हूं। यह जान लो कि सेवा धर्म महान है। घर से निकलो। बाहर जाकर भूखों को भोजन दो। प्यासों को पानी पिलाओ। विद्यारहितों को विद्या दो। दीन, दुखियों, दुर्बलों और रोगियों की तन, मन एवं धन से सेवा करो। सेवा द्वारा मनुष्य का अंतःकरण शांत होता है। ऐसा करने से आपको सुख और शांति प्राप्त होगी।'

स्वामी विवेकानन्द की बात साधु के मन में बैठ गई। वह एक नए संकल्प के साथ वहां से चला गया। उसे समझ आ गया था कि मानव जाति कि निःस्वार्थ सेवा से ही मनुष्य को शांति प्राप्त हो सकती है।

मन की मलिनता

स्वामी दयानंद का घर तब फर्रुखाबाद में था। एक दिन एक व्यक्ति एक थाली में दाल-भात परोसकर ले आया। वह व्यक्ति मेहनत मजदूरी करके अपना और अपने परिवार का पेट भरता था। उच्च कुल का नहीं होने के बावजूद स्वामीजी ने जब उसके हाथ का अन्न ग्रहण किया तो कुछ लोगों को बुरा लगा।

नाराज होकर वे स्वामी जी से बोले-आपको इसका भोजन स्वीकार नहीं करना चाहिए था। इस व्यक्ति का भोजन करने के कारण आप भ्रष्ट हो गए हैं।

इस पर स्वामी जी ने कहा-क्या आप लोग जानते हैं कि अन्न-जल दूषित कैसे होता है? अन्न दो प्रकार के होते हैं। एक तो वह, जहां दूसरे को दुख देकर अन्न प्राप्त किया जाता है और दूसरा अन्न वह है जहां उसमें कोई मलिन या अभक्ष्य वस्तु पड़ जाती है। मगर इस व्यक्ति का अन्न तो इन दोनों श्रेणियों में नहीं आता है। इस व्यक्ति द्वारा दिया गया अन्न परिश्रम से कमाए पैसे का है, तब यह दूषित कैसे हो सकता है।

वास्तविकता तो यह है कि हमारा मन मलिन होता है और इस कारण हम दूसरों

की चीजों को मलिन मानने लगे हैं, और ऐसा करने से हम और भी मलिन हो जाते हैं।

▣▣▣

कुएं से बाहर दुनिया

स्वामी विवेकानन्द ने शिकागो के विश्व धर्म सम्मेलन में अपनी बात समझाने के लिए एक छोटी-सी कहानी सुनाई।

एक बार सागर का एक मेढक एक कुएं में आ गिरा। कुएं के मेढक ने उससे पूछा-भाई, तुम कहां से आए हो ? उसने कहा-मैं समुद्र से आया हूं। कुएं के मेढक ने सवाल किया-कितना बड़ा था तुम्हारा यह समुद्र? उसने कुएं में एक छोटी-सी छलांग लगाई और पूछा-क्या इतना बड़ा? समुद्र से आये मेढक ने कहा-नहीं भाई, समुद्र इससे बहुत ज्यादा बड़ा था। कुएं के मेंढक ने थोड़ी और बड़ी छलांग लगाई और पूछा-तो फिर क्या इतना बड़ा? सागर का मेंढक बोला-नहीं भाई, सागर इससे बहुत-बहुत बड़ा है।

कुएं के मेढक ने एक और बड़ी छलांग लगाई और फिर सवाल किया-तो क्या इतना बड़ा था समुद्र? सागर के मेढक ने जवाब दिया-नहीं मेरे भाई, सागर इतना विशाल है कि तुम उसकी कल्पना भी नहीं कर सकते। तुम्हारे पास उसे नापने का कोई उपाय नहीं है। अब कुएं का मेढक ठहाका लगाकर बोला-क्या इस दुनिया में इससे बड़ी जगह कोई है?

यह कहानी सुनाते हुए विवेकानन्द ने कहा कि आज सभी धर्मों के लोग अपने-अपने धर्म के कुएं में सिमटे हुए हैं। उन्हें ख्याल ही नहीं कि उनके धर्म के बाहर भी कोई दुनिया हो सकती है।

▣▣▣

लक्ष्य का संकल्प

एक बार जर्मन दार्शनिक की स्वामी दयानंद से मुलाकात हुई।

बातों ही बातों में जर्मन दार्शनिक ने स्वामी दयानंद से कहा कि स्वामी जी, आपका बलिष्ठ शरीर और ओजस्वी मुखमंडल देखकर मैं अत्यंत प्रभावित हूं। क्या मुझ जैसे सामान्य व्यक्ति के लिए यह संभव है कि आप जैसा सशक्त शरीर और तेजयुक्त मुखमंडल प्राप्त हो सके।

स्वामी जी बोले-क्यों नहीं, जो व्यक्ति अपने को जैसा बनाना चाहता है, बन सकता है। हर व्यक्ति अपनी कल्पना के अनुरूप ही बनता-बिगड़ता रहता है। तुम्हें सबसे पहले एक लक्ष्य बनाना चाहिए, फिर उसकी पूर्ति के लिए संकल्प करके उसी के अनुसार काम करना चाहिए। एकाग्र मन से किए गए कार्य एंक दिन सफलता की मंजिल पर अवश्य लाकर खड़ा करते हैं।

करुणा और कर्मफल

एक बार गो रक्षा से संबंधित संस्था के एक प्रचारक आर्थिक अनुदान के लिए स्वामी विवेकानन्द के पास आए।

स्वामी जी ने प्रचारक से पूछा- आप लोगों की सभा का उद्देश्य क्या है?

वह बोले- हम देश की गायों को कसाइयों से बचाते हैं। हमने अनेक स्थानों पर गोशालाएं स्थापित की हैं, जहां दुर्बल, रोगग्रस्त गायों का पालन-पोषण किया जाता है।

स्वामी जी ने पूछा- सभा की आय का स्रोत क्या है?

उसने कहा- मारवाड़ी वैश्य समुदाय इस कार्य के लिए धन देता है। आप जैसे धर्मात्मा भी हमें सहयोग देते हैं।

स्वामी जी ने प्रश्न किया- मध्य भारत में इस वर्ष अकाल से लाखों लोग मर गए। क्या आपकी संस्था ने इसमें सहायता की?

प्रचारक बोले-हम अकाल आदि में कोई सहायता नहीं करते। हमारा मानना है कि मनुष्य के कर्मफल के कारण यह अकाल पड़ा। उन्होंने कर्मानुसार फल भोग लिया।

स्वामी जी बोले- जो संस्था अपने भाइयों को बिना अन्न मरते देखकर भी उनकी मदद करने के लिए तैयार न हो, उससे मैं भी सहानुभूति नहीं रखता। यदि अपने कर्मफल से मनुष्य अकाल का शिकार हुए तो यह भी कहा जा सकता है कि गोमाताएं भी अपने कर्मफल से कसाइयों के पास पहुंचती हैं। मेरे पास धन है नहीं। यदि कभी होगा भी तो पहले उसे मानव सेवा के लिए लगाऊंगा फिर आपकी संस्था को दूंगा।

धैर्य की परीक्षा

एक बार स्वामी विवेकानन्द का एक शिष्य उनके पास आया और उसने कहा, 'स्वामी जी, मैं आप की तरह भारत की संस्कृति, दर्शन और रीति-रिवाज का प्रचार-प्रसार करने के लिए अमेरिका जाना चाहता हूं। यह मेरी पहली यात्रा है। आप मुझे विदेश जाने की अनुमति और अपना आशीर्वाद दें।' स्वामी जी ने उसे ऊपर से नीचे तक देखा फिर कहा, 'सोच कर बताऊंगा।' शिष्य हैरत में पड़ गया।

उसने फिर कहा, 'स्वामी जी, मैं आप की तरह सादगी से अपने देश की संस्कृति का प्रचार करूंगा। मेरा ध्यान और किसी चीज पर नहीं जाएगा।' विवेकानन्द ने फिर कहा, 'सोच कर बताऊंगा।' शिष्य ने समझ लिया कि स्वामी जी उसे विदेश नहीं भेजना चाहते इसलिए ऐसा कह रहे हैं। लेकिन फिर भी वह उनके पास ही ठहर गया।

दो दिनों के बाद स्वामी जी ने उसे बुलाया और कहा, 'तुम अमेरिका जाना चाहते हो तो जाओ। मेरा आशीर्वाद तुम्हारे साथ है।' शिष्य ने सोचा कि इतनी छोटी सी बात के लिए दो दिन सोचने में क्यों लगे। उसने अपनी यह दुविधा स्वामी जी को बतायी। स्वामी जी ने कहा, 'मैं दो दिनों में यह समझना चाहता था कि तुम्हारे अंदर कितनी सहनशक्ति है। कहीं तुम्हारा आत्मविश्वास डगमगा तो नहीं रहा है। लेकिन तुम दो दिनों तक यहां रह कर निर्विकार भाव से मेरे आदेश की प्रतीक्षा करते रहे। न क्रोध किया, न जल्दबाजी की और न ही धैर्य खोया।

जिसमें इतनी सहनशक्ति और गुरू के प्रति प्रेम का भाव होगा, वह शिष्य कभी भटकेगा नहीं। मेरे अधूरे काम को वही आगे बढ़ा सकता है। किसी दूसरे देश के नागरिकों के मन में अपने देश की संस्कृति को अंदर तक पहुंचाने के लिए ज्ञान के साथ-साथ, धैर्य, विवेक और संयम की आवश्यकता होती है। मैं इसी बात की परीक्षा ले रहा था।' शिष्य स्वामी जी की इस अनोखी परीक्षा से अभिभूत हो गया।

नरेन्द्र की हिम्मत तथा करुणा

नरेन्द्र नियमित व्यायामशाला में जाता था। अखाड़ा का सदस्य बनकर नरेन्द्रनाथ ने लाठी-खड़ग चलाना सीखा। तैरना, नौकाचालन, कुश्ती तथा अन्य खेलों में भी प्रवीणता प्राप्त की। एक बार 'बॉक्सिंग' की एक प्रतिस्पर्धा में उन्हें प्रथम पुरस्कार भी मिला था।

एक दिन मित्रों के साथ मिलकर मैदान में वह एक खम्भा खड़ा कर रहा था। रास्ते से गुजर रहे लोग देखने के लिए खड़े हो जाते , लेकिन कोई भी मदद के लिए आगे नहीं आता। उसी समय एक अंग्रेज नाविक वहां आया ओर वह भी लड़कों की मदद करने लगा। सब मिलकर एक भारी खम्भा उठा रहे थे, तभी अचानक खम्भा उस नाविक के माथे पर आ टकराया ओर उसे गंभीर चोट लगी। वह बेहोश हो गया। सभी को लगा कि वह मर गया। नरेन्द्र और एक-दो मित्रों के अलावा सभी डर कर भाग गए।

नरेन्द्र ने अपनी धोती फाड़ कर उसकी पट्टी बना बेहोश नाविक के माथे पर बांधी। फिर उसके मुंह पर जल का छिड़काव किया। थोड़ी देर के बाद जब वह होश में आया तो उसे पास वाले 'स्कूल' में ले जाकर सुलाया। डॉक्टर को बुलाया गया और उसका उपचार कराया गया। जब तक वह नाविक अच्छा नहीं हुआ तब तक उसका खाना-पीना, दवाई का प्रबन्ध किया गया। बाद में जब वह ठीक हो गया तब मित्रों के पास से पैसे इकट्ठे कर उसे विदा किया गया।

नरेन्द्र और साथियों के इस व्यवहार से अंग्रेज नाविक भी गदगद हो गया !

वृद्ध का बढ़ाया हौसला

एक बार स्वामी विवेकानन्द हिमालय की यात्रा पर थे तभी उन्होंने वहा एक वयोवृद्ध आदमी को देखा जो बिना कोई आशा लिये अपने पैरों की तरफ देख रहा था और आगे जाने वाले रास्ते की तरफ देख रहा था।

तभी उस इंसान स्वामीजी से कहा, "हेल्लो सर, अब इस दूरी को कैसे पार किया जाये, अब मैं और नहीं चल सकता, मेरी छाती में दर्द हो रहा है।"

स्वामीजी शांति से उस इंसान की बातों और सुन रहे थे और उसका कहना पूरा होने

के बाद उन्होंने जवाब दिया कि, "नीचे अपने पैरों की तरफ देखो। तुम्हारे पैरों के नीचे जो रास्ता है वो वह रास्ता है जिसे तुमने पार कर लिया है और यह वही रास्ता था जो पहले तुमने अपने पैरों के आगे देखा था, अब आगे आने वाला रास्ता भी जल्द ही तुम्हारे पैरों के नीचे होगा।"

स्वामीजी के इन शब्दों ने उस वयोवृद्ध इंसान को अपने लक्ष्य को पूरा करने में काफी सहायता की।

गुरु मां की परीक्षा

जब स्वामी विवेकानन्द शिकागो की धर्मसभा में बोलने के लिए आमंत्रित किया गया था। तब वह यात्रा पर जाने से पूर्व वह स्वामी रामकृष्ण परमहंस की धर्मपत्नी गुरु मां शारदा से आशीर्वाद लेने गए।

चरण स्पर्श के पश्चात गुरु मां से वह बोले, 'मुझे भारतीय संस्कृति पर बोलने के लिए अमेरिका से आमंत्रण मिला है। मुझे आपका आशीर्वाद चाहिए।' मां शारदा ने कहा, 'आशीर्वाद के लिए कल आना। मैं पहले देखूंगी कि तुम्हें पात्रता है भी या नहीं?'

विवेकानन्दजी चले गए और दूसरे दिन फिर उनके पास आए। मां शारदा रसोई में थीं। आशीर्वाद की बात पर गुरु मां ने कहा, 'पहले तुम मुझे वह चाकू उठाकर दो मुझे सब्जी काटनी है।'

विवेकानन्दजी ने चाकू मां शारदा की ओर बढ़ाया। चाकू लेते हुए ही मां शारदा ने बहुत सारी नेक बातें बताईं और कहा अब मेरा आशीर्वाद तुम्हारे पास है। स्वामी जी को यह पूरा घटनाक्रम समझ में नहीं आया। लेकिन वह चले गए।

उन्होंने पूछा आपने आशीर्वाद देने से पहले मुझसे चाकू क्यों उठवाया था। तब मां शारदा बोलीं, 'तुम्हारा मन देखने के लिए।'

मां शारदा ने कहा, 'जब तुमने चाकू दिया तो धार वाला हिस्सा अपनी तरफ रखा और सुरक्षित हिस्सा मुझे दिया। संत वह है जो दूसरों की आपदा को दूर कर स्वयं आपदा में जीते हुए लोगों का कल्याण करे।'

लक्ष्य पर ध्यान

एक बार स्वामी विवेकानन्द किसी देश में भ्रमण कर रहे थे। अचानक, एक जगह से गुजरते हुए उन्होंने देखा कि पुल पर खड़े कुछ युवा नदी में तैर रहे अंडे के छिलकों पर बन्दूक से निशाना लगा रहे हैं। किसी भी युवक का एक भी निशाना सही नहीं लग रहा था।

तब उन्होंने एक युवक से बन्दूक ली और खुद निशाना लगाने लगे। उन्होंने अंडे पर पहला निशाना लगाया और वो बिलकुल सही लगा, फिर एक के बाद एक उन्होंने कुल 10 निशाने लगाए और सभी बिलकुल सटीक लगे, ये देख युवक दंग रह गए और उन्होंने पुछा – स्वामी जी, भला आप ये कैसे कर लेते हैं? आपके सारे निशाने बिलकुल सटीक कैसे लग गये?

स्वामी विवेकनन्द जी बोले असंभव कुछ भी नहीं है, तुम जो भी कर रहे हो अपना पूरा दिमाग उस समय उसी एक काम में लगाओ। अगर तुम किसी चीज पर निशाना लगा रहे हो तो तुम्हारा पूरा ध्यान सिर्फ अपने निशाने के लक्ष्य पर होना चाहिए। तब तुम अपने लक्ष्य से कभी चूकोगे नहीं।

यदि तुम अपना पाठ पढ़ रहे हो तो सिर्फ पाठ के बारे में सोचो। मेरे देश में बच्चों को यही पढ़ाया जाता है।

ईश्वर पर विश्वास

एक बार स्वामी विवेकानन्द ट्रेन से यात्रा कर रहे थे और हमेशा की तरह भगवा कपडे और पगड़ी पहनी हुई थी। ट्रेन में यात्रा कर रहे एक अन्य यात्री को उनका ये रूप बहुत अजीब लगा और वो स्वामी जी को कुछ अपशब्द कहने लगा बोला – तुम सन्यासी बनकर घूमते रहते हो कुछ कमाते धमाते क्यों नहीं हो, तुम लोग बहुत आलसी हो, लेकिन स्वामी जी दयावान थे उन्होंने उसकी तरफ बिलकुल भी ध्यान नहीं दिया और हमेशा की तरह चेहरे पे तेज लिए मुस्कुराते रहे।

उस समय स्वामी जी को बहुत भूख लगी हुई थी क्योंकि उन्होंने सुबह से कुछ खाया पिया नहीं था। स्वामी जी हमेशा दूसरों के कल्याण के बारे में सोचते थे अपने खाने का

उन्हें ध्यान ही कहाँ रहता था। एक तरफ स्वामी जी भूख से व्याकुल थे वही वो दूसरा यात्री उनको अप्शब्द और बुरा भला कहने में कोई कमी नहीं छोड़ रहा था। इसी बीच स्टेशन आ गया और स्वामी जी और वो यात्री दोनों उतर गए। उस यात्री ने अपने बैग से अपना खाना निकाला और खाने लगा और स्वामी जी से बोला – अगर कुछ कमाते तो तुम भी खा रहे होते।

स्वामी जी बिना कुछ बोले चुपचाप थकेहारे एक पेड़ के नीचे बैठ गए और बोले मैं अपने ईश्वर पर विश्वास करता हूं जो वो चाहेंगे वही होगा। अचानक ही कहीं से एक आदमी खाना लिए हुए स्वामी जी के पास आया और बोला क्या आप ही स्वामी विवेकानन्द हैं और इतना कहकर को स्वामी जी के कदमों में गिर पड़ा और बोला कि मैंने एक सपना देखा था जिसमें खुद भगवान ने मुझसे कहा कि मेरा परम भक्त विवेकानन्द भूखा है तुम जल्दी जाओ और उसे भोजन देकर आओ।

बस इतना सुनना था कि वो यात्री जो स्वामी जी की आलोचना कर रहा था भाग कर आया और स्वामी जी के कदमों में गिर पड़ा, बोला – महाराज मुझे क्षमा कर दीजिये मुझसे बहुत बड़ी भूल हुई है मैंने भगवान को देखा नहीं है लेकिन आज जो चमत्कार मैंने देखा उसने मेरे भगवान में विश्वास को बहुत ज्यादा बड़ा दिया है। स्वामी जी ने दया भाव से व्यक्ति को उठाया और गले से लगा लिया।

सच का साथ

स्वामी विवेकानंदा प्रारंभ से ही एक मेधावी छात्र थे और सभी उनके व्यक्तित्व और वाणी से प्रभावित रहते थे। जब वो साथी छात्रों से कुछ बताते तो सब मंत्रमुग्ध हो उन्हें सुनते. एक दिन इंटरवल के दौरान वो कक्षा में कुछ मित्रों को कहानी सुना रहे थे, सभी उनकी बातें सुनने में इतने मग्न थे की उन्हें पता ही नहीं चला की कब मास्टर जी कक्षा में आये और पढ़ाना शुरू कर दिया।

मास्टर जी ने अभी पढ़ना शुरू ही किया था कि उन्हें कुछ फुसफुसाहट सुनाई दी।

“कौन बात कर रहा है?” उन्होंने तेज आवाज़ में पूछा। सभी ने स्वामी जी और उनके साथ बैठे छात्रों की ओर इशारा कर दिया।

मास्टर जी तुरंत क्रोधित हो गए, उन्होंने तुरंत उन छात्रों को बुलाया और पाठ से

संबधित एक प्रश्न पूछने लगे। जब कोई भी उत्तर न दे सका, तब अंत में मास्टर जी ने स्वामी जी से भी वही प्रश्न किया। पर स्वामी जी तो मानो सब कुछ पहले से ही जानते हों, उन्होंने आसानी से उत्तर दे दिया।

यह देख उन्हें यकीन हो गया कि स्वामी जी पाठ पर ध्यान दे रहे थे और बाकी छात्र बातचीत में लगे हुए थे। फिर क्या था उन्होंने स्वामी जी को छोड़ सभी को बेंच पर खड़े होने की सजा दे दी। सभी छात्र एक-एक कर बेंच पर खड़े होने लगे, स्वामी जे ने भी यही किया।

तब मास्टर जी बोले, " नरेन्द्र (स्वामी विवेकानन्द) तुम बैठ जाओ।"

"नहीं सर, मुझे भी खड़ा होना होगा क्योंकि वो मैं ही था जो इन छात्रों से बात कर रहा था।" स्वामी जी ने आग्रह किया।

डरो मत !

स्वामी विवेकानन्द बचपन से ही निडर थे, जब वह लगभग 8 साल के थे तभी से अपने एक मित्र के यहां खेलने जाया करते थे, उस मित्र के घर में एक चम्पक पेड़ लगा हुआ था। वह स्वामी जी का पसंदीदा पेड़ था और उन्हें उस पर लटक कर खेलना बहुत प्रिय था।

रोज की तरह एक दिन वह उसी पेड़ को पकड़ कर झूल रहे थे की तभी मित्र के दादा जी उनके पास पहुंचे, उन्हें डर था कि कहीं स्वामी जी उस पर से गिर न जाए या कहीं पेड़ की डाल ही ना टूट जाए, इसलिए उन्होंने स्वामी जी को समझाते हुआ कहा, " नरेन्द्र (स्वामी जी का नाम), तुम इस पेड़ से दूर रहो, अब दुबारा इस पर मत चढ़ना।"

"क्यों ?" नरेन्द्र ने पूछा।

"क्योंकि इस पेड़ पर एक ब्रह्म्दैत्य रहता है, वो रात में सफ़ेद कपड़े पहने घूमता है, और देखने में बड़ा ही भयानक है।" उत्तर आया।

नरेन्द्र को ये सब सुनकर थोड़ा अचरज हुआ, उसने दादा जी से दैत्य के बारे में और भी कुछ बताने का आग्रह किया।

दादा जी बोले, " वह पेड़ पर चढ़ने वाले लोगों की गर्दन तोड़ देता है।"

नरेन्द्र ने ये सब ध्यान से सुना और बिना कुछ कहे आगे बढ़ गया। दादा जी भी

मुस्कुराते हुए आगे बढ़ गए , उन्हें लगा कि बच्चा डर गया है। पर जैसे ही वे कुछ आगे बढ़े नरेन्द्र पुनः पेड़ पर चढ़ गया और डाल पर झूलने लगा।

यह देख मित्र जोर से चीखा, "अरे तुमने दादा जी की बात नहीं सुनी, वो दैत्य तुम्हारी गर्दन तोड़ देगा।"

बालक नरेन्द्र जोर से हंसा और बोला, "मित्र डरो मत ! तुम भी कितने भोले हो ! सिर्फ इसलिए कि किसी ने तुमसे कुछ कहा है उस पर यकीन मत करो; खुद ही सोचो अगर दादा जी की बात सच होती तो मेरी गर्दन कब की टूट चुकी होती।"

सचमुच स्वामी विवेकानन्द बचपन से ही निडर और तीक्ष्ण बुद्धि के स्वामी थे।

मंजिल पहचानो और आगे बढ़ो

एक बार स्वामी विवेकानन्द के आश्रम में एक व्यक्ति आया जो देखने में बहुत दु:खी लग रहा था। वह व्यक्ति आते ही स्वामी जी के चरणों में गिर पड़ा और बोला कि महाराज मैं अपने जीवन से बहुत दु:खी हूं मैं अपने दैनिक जीवन में बहुत मेहनत करता हूं, काफी लगन से भी काम करता हूं लेकिन कभी भी सफल नहीं हो पाया। भगवान ने मुझे ऐसा नसीब क्यों दिया है कि मैं पढ़ा लिखा और मेहनती होते हुए भी कभी कामयाब नहीं हो पाया हूं, धनवान नहीं हो पाया हूं।

स्वामी जी उस व्यक्ति की परेशानी को पल भर में ही समझ गएं। उन दिनों स्वामी जी के पास एक छोटा सा पालतू कुत्ता था, उन्होंने उस व्यक्ति से कहा, "तुम कुछ दूर जरा मेरे कुत्ते को सैर करा लाओ फिर मैं तुम्हारे सवाल का जवाब दूंगा।"

आदमी ने बड़े आश्चर्य से स्वामी जी की ओर देखा और फिर कुत्ते को लेकर कुछ दूर निकल पड़ा। काफी देर तक अच्छी खासी सैर करा कर जब वो व्यक्ति वापस स्वामी जी के पास पहुंचा तो स्वामी जी ने देखा कि उस व्यक्ति का चेहरा अभी भी चमक रहा था जबकि कुत्ता हांफ रहा था और बहुत थका हुआ लग रहा था।

जी ने व्यक्ति से कहा कि,"ये कुत्ता इतना ज्यादा कैसे थक गया जबकि तुम तो अभी भी साफ सुथरे और बिना थके दिख रहे हो।"

तो व्यक्ति ने कहा, "मैं तो सीधा-साधा अपने रास्ते पे चल रहा था लेकिन ये कुत्ता गली के सारे कुत्तों के पीछे भाग रहा था और लड़कर फिर वापस मेरे पास आ जाता था। हम दोनों ने एक समान रास्ता तय किया है लेकिन फिर भी इस कुत्ते ने मेरे से कहीं ज्यादा

दौड़ लगाई है इसीलिए ये थक गया है।"

स्वामी जी ने मुस्कुरा कर कहा, "यही तुम्हारे सभी प्रश्नों का जवाब है, तुम्हारी मंजिल तुम्हारे आस पास ही है वो ज्यादा दूर नहीं है लेकिन तुम मंजिल पे जाने की बजाय दूसरे लोगों के पीछे भागते रहते हो और अपनी मंजिल से दूर होते चले जाते हो।"

▣▣▣

स्वामी विवेकानन्द और प्रियतम का दूत

एक बार उन्हें गोरखा सांप ने काट लिया था। आपके विश्वती पर प्रभाव से वे थोड़े ही समय में बेसुध हो गए थे। इस अवस्था में बहुत समय व्यतीत हो गया। लोगों ने समझा, महात्मा मर गए हैं। परंतु आश्चर्य की बात है कि कई घंटे के पश्चात उनकी चेतना लौट आई। धीरे-धीरे वह उठ कर बैठ गए और थोड़े ही समय में अपने आपको पूर्णता स्वस्थ अनुभव करने लग गए। यह देखकर सभी लोग विस्मित हो उठे। के एक व्यक्ति ने उनसे पूछ ही लिया, "बाबा जी! इस समय आप अपने आप को कैसा अनुभव करते हैं?"

बाबा ने मुस्कुराकर उत्तर दिया, "बहुत अच्छा हूं - स्वस्थ हूं। स्वर्ग से मेरे प्रियतम ने मेरे पास आज एक दूत भेजा था।

मृत्युदूत गोरखा सांप को उन्होंने अपने प्रियतम का दूत मान लिया था।

▣▣▣

शिष्टाचार

यह प्रसंग सन् 1893 का है। शिकागो में विश्व धर्म सम्मेलन चल रहा था। स्वामी विवेकानन्द भी उसमें बोलने के लिए गये हुए थे। 11 सितंबर को स्वामी जी का व्याखान होना था। मंच पर ब्लैक बोर्ड पर लिखा हुआ था, हिन्दू धर्म-मुर्दा धर्म। कोई साधारण व्यक्ति इसे देखकर क्रोधित हो सकता था, पर स्वामी जी भला ऐसा कैसे कर सकते थे। वह बोलने के लिये खड़े हुए और उन्होंने सबसे पहले (अमरीकावासी बहिनों और भाईयों) शब्दों के साथ श्रोताओं को संबोधित किया। स्वामीजी के शब्द ने जादू कर दिया, पूरी सभा ने करतल ध्वनि से उनका स्वागत किया।

इस हर्ष का कारण था, स्त्रियों को पहला स्थान देना। स्वामी जी ने सारी वसुधा को अपना कुटुम्ब मानकर सबका स्वागत किया था। भारतीय संस्कृति में निहित शिष्टाचार का यह तरीका किसी को न सूझा था। इस बात का अच्छा प्रभाव पड़ा। श्रोता मंत्र मुग्ध उनको सुनते रहे, निर्धारित 5 मिनट कब बीत गया पता ही न चला। अध्यक्ष कार्डिनल गिबन्स ने और आगे बोलने का अनुरोध किया। स्वामीजी 20 मिनट से भी अधिक देर तक बोलते रहे।

स्वामीजी की धूम सारे अमेरिका में मच गई। देखते ही देखते हजारों लोग उनके शिष्य बन गए। और तो और, सम्मेलन में कभी शोर मचता तो यह कहकर श्रोताओं को शान्त कराया जाता कि यदि आप चुप रहेंगे तो स्वामी विवेकानन्द जी का व्याख्यान सुनने का अवसर दिया जायेगा। सुनते ही सारी जनता शान्त हो कर बैठ जाती।

अपने व्याख्यान से स्वामीजी ने यह सिद्ध कर दिया कि हिन्दू धर्म भी श्रेष्ठ है, जिसमें सभी धर्मो को अपने अंदर समाहित करने की क्षमता है। भारतिय संसकृति, किसी की अवमानना या निंदा नही करती। इस तरह स्वामी विवेकानन्द जी ने सात समंदर पार भारतीय संसकृति की ध्वजा फहराई।

▣▣▣

अज्ञानता का पश्चाताप

एक बार स्वामी विवेकानन्द रेल द्वारा यात्रा पर जा रहे थे। उसी डिब्बे में बैठे दो विदेशी अंग्रेजी भाषा में साधु-संतों के प्रति कुत्सित शब्दों का प्रयोग कर रहे थे, जिन्हें स्वामी विवेकानन्द बखूबी समझते जा रहे थे। इसी दौरान उन्हें प्यास लगी तो उन्होंने पानी की इच्छा की अभिव्यक्ति अंग्रेजी भाषा में की जो स्वामी जी ने सुन ली थी।

स्टेशन पर गाड़ी के रुकते ही स्वामी जी ने दरवाजे पर खड़े होकर पानी वाले को बुलाया और कहा, " इन अंग्रेजों को प्यास लगी है, इन्हें पानी पिला दीजिए।"

साधु के इस व्यवहार से अंग्रेज लज्जित हुए और जब उन्हें इस बात का पता चला कि यह साधु 'स्वामी विवकेानंद' है तो वे क्षमा याचना करते हुए स्वामी जी के पैरों में गिर गए।

▣▣▣

ध्यान की गहराई

स्वामी विवेकानन्द शिकागो में व्याख्यान देने के बाद अमेरिका में उदार मानव धर्म के वक्ता के रूप में प्रसिद्ध हो गए। इस संबंध में उनका प्रवास अमेरिका के उन अंदरूनी इलाकों में भी होता था, जहां धर्मांध और संकीर्ण विचारधारा के लोग रहते थे।

एक बार स्वामी जी एक ऐसे ही क्षेत्र में व्याख्यान के लिए बुलाया गया, जहां के लोग अत्यंत संकुचित मानसिकता रखते थे। एक खुले मैदान में लकड़ी के बक्सों का मंच बनाया गया। स्वामी जी उस पर खड़े होकर वेदांत, योग और ध्यान की व्याख्या करने लगे। थोड़ी देर बाद उन्हीं लोगों में से कई लोगों ने बंदूकें निकाल लीं और स्वामी जी पर गोलियां बरसाने लगे। नीचे रखे लकड़ी के बक्से छलनी हो गए।

अपना भाषण देते रहे। तब गोली चलाने वाले लोगों ने पूछा, "आप जैसा व्यक्ति हमने पहले कभी नहीं देखा। हम आप पर निशाना लगा रहे थे। जरा सी चूक हो जाती तो आप मर भी सकते थे।"

तब स्वामी जी ने कहा, "जब मैं व्याख्यान दे रहा था तो मुझे बाहरी वातावरण का ज्ञान नहीं था। मेरा चित्त योग, वेदांत और ध्यान की गहराइयों में था।"

...तो वकील होते विवेकानन्द

नरेन्द्र (विवेकानन्द के बचपन का नाम) अपने नाना के घर पर अकेले रहकर पढ़ाई करते थे। एक शाम एक व्यक्ति आया और उसने नरेन्द्र से कहा, 'तत्काल घर चलो। तुम्हारे पिता का देहावसान हो गया है।'

नरेन्द्र घर आते हैं। पिता का पार्थिव शरीर कमरे में रखा है। मां और छोटे-छोटे भाई-बहन शोकमग्न हैं। इस दृश्य को नरेन्द्र ने देखा। अगले दिन पिता का विधिवत अंतिम संस्कार किया।

नरेन्द्र के पिताजी कलकत्ता के प्रसिद्ध वकीलों में से एक थे। उन्होंने धन भी यथेष्ट कमाया था, परंतु अधिकतर भाग परोपकार में लगा दिया और भविष्य के लिए कुछ भी संचय नहीं किया था। मां भुवनेश्वरी देवी पर परिवार संभालने की जिम्मेदारी थी।

परिवार विपन्नता के दौर से गुजर रहा था। कभी-कभी छोटे भाई बहनों के लिए भोजन की व्यवस्था जुटना भी मुश्किल था।

बालक नरेन्द्र गुप्त रूप से इसका पता लगा लेते थे और कई बार मां से कहते थे, 'मुझे आज एक मित्र के यहां भोजन करने जाना है।' इस प्रकार विपन्नता में कई दिन बीत रहे थे।

रिश्तेदार बड़े क्रूर होते हैं। उन्होंने नरेन्द्र के पैतृक मकान पर कोर्ट में दावा कर दिया। नरेन्द्र ने केस की स्वयं पैरवी की और इस प्रकार के तर्क दिए कि वे केस जीत गए। विरोधी पक्ष के वकील ने इन्हें रोकना चाहा और कहा, 'भद्र पुरुष तुम्हारे लिए वकालत उचित क्षेत्र रहेगा', परंतु नरेन्द्र ने उनकी बात नहीं सुनी और कोर्ट से दौड़ते हुए अपनी मां के पास गए और कहा, 'मां अपना घर रह गया है।'

बंदरों की तरह होती हैं कठिनाइयां

घटना तब की है जब स्वामी विवेकानन्द वृंदावन में थे। सड़क पर चल रहे थे। कुछ लाल मुंह के बंदर उनके पीछे पड़ गए। स्वामीजी भागने लगे। बंदर भी उन पर तेजी से आक्रमण करने लगे।

तभी एक समझदार व्यक्ति ने कहा, भागो मत। इनके सामने डट कर खड़े रह जाओ। मुकाबला करो।

स्वामीजी ने वैसा ही किया और बंदर भाग गए। इस घटनाक्रम का जिक्र करते हुए स्वामीजी अपने शिष्यों से कहते थे, जीवन में कठिनाइयां भी इन बंदरों की तरह होती हैं। कठिनाइयों से भागने पर वे बढ़ती हैं और सामना करने पर हल हो जाती हैं।

परीक्षा

रामकृष्ण परमहंस का नरेन्द्र पर असीम स्नेह था, पर उन्होंने नरेन्द्र से बोलना बंद कर दिया। नरेन्द्र जब भी उनके सम्मुख आते, वह मुंह फेर लेते, लेकिन नरेन्द्र उन्हें रोज प्रणाम करते और देर तक उनके पास बैठे रहते।

कुछ सप्ताह तक ऐसा ही चलता रहा। एक दिन रामकृष्ण परमहंस ने नरेन्द्र से पूछा,

"मैं तुमसे बात तक नहीं करता, फिर भी तुम प्रतिदिन मेरे पास क्यों आते हो ?"

नरेन्द्र ने कहा, "मैं आपसे प्रेम करता हूं।"

यह सुनकर रामकृष्ण परमहसं ने नरेन्द्र को छाती से लगाते हुए कहा, "अरे, पागल, मैं तो तेरी परीक्षा ले रहा था कि तू उपेक्षा सह सकता है या नहीं ?"

यही नरेन्द्र बाद में स्वामी विवेकानन्द कहलाए।

◙◙◙

क्षमा

एक बार स्वामी विवेकानन्द किसी गांव में प्रवचन देने जा रहे थे। रास्ते में एक दुष्ट व्यक्ति गालियां देते हुए उनके पीछे चलने लगा। जब गांव की सीमा आ गई, तो स्वामी जी रुके और उस व्यक्ति से बोले, "देखो, भलेमानस, जितनी गालियां देनी हों, यहां दे लो। यदि सभा स्थल पर गाली दोगे, तो हो सकता है, वहां कुछ लोग तुम्हें दण्ड दें और मैं तुम्हें बचा नहीं सका, तो मेरी वजह से तुम्हारी पिटाई हो जाएगी और मुझे पाप लगेगा।"

वह व्यक्ति स्वामी जी की इस बात से शर्म से झुक गया और क्षमा मांगकर वहां से चला गया।

◙◙◙

शांति

एक व्यक्ति स्वामी विवेकानन्द जी से मिलने आया। वह अपने जीवन में शांति न मिलने से निराश था।

उसने स्वामी जी को कहा, "स्वामी जी, मैं कोठरी में दरवाजा बंद करके बैठा रहता हूं, किन्तु शांति किसी भी तरह नहीं मिलती। क्या आप कोई उपाय बताएंगे ?"

स्वामी विवेकानन्द बोले, "यदि तुम मेरी बात मानो, तो सबसे पहले तुम्हें अपनी कोठरी का दरवाजा खुला रखना होगा। तुम्हारे आसपास सैकड़ों गरीब और बेसहारा लोग होंगे, उनकी तुम यथासाध्य सेवा करो। जो भूखे हैं, उन्हें भोजन कराओ। जो रोगी हैं, उन्हें औषधि दो। जो निरक्षर हैं, उन्हें पढ़ाओ। मैं समझता हूं, इतना सब करने पर तुम्हारे मन को अवश्य शांति मिलेगी।"

◙◙◙

तलाश

रामकृष्ण परमहंस ने एक दिन नरेन्द्र से कहा, "मेरे पास अष्ट सिद्धियां हैं, तू लेगा ?"

नरेन्द्र ने पूछा, " क्या इनसे ईश्वर को पाने में मदद मिलेगी ?"

"नहीं, वह तो नहीं होगा, फिर भी सिद्धियों से तेरी ख्याति फैलेगी।" परमहंस बोले।

नरेन्द्र ने तुरंत कहा, "मुझे तो ईश्वर को पाना है, ख्याति पाने की मुझे कोई लालसा नहीं है।"

उत्तर सुनकर परमहंस ने नरेन्द्र को गले से लगा लिया।

नरेन्द्र सांसारिक सुखों के पीछे नहीं भागते थे। उन्हें सत्य की तलाश थी।

कष्ट के प्रति

रामकृष्ण परमहंस के गले का घाव काफी बढ़ गया। दूध पीना भी असंभव-सा हो गया, तो व्याकुल होकर नरेन्द्र सहित सारे शिष्यों ने स्वामी जी से आग्रह किया कि काली मां से यह व्याधि दूर करने के लिए कहें।

बाद में उनसे पूछा, तो कहने लगे, "मैंने व्याधि दूर करने के लिए तो नहीं कहा, हां, यह कहा था कि गले के कारण खा-पी नहीं सकता, कष्ट होता है", ...लेकिन मां तो सुनकर हंस पड़ीं। तुम लोगों की तरफ इशारा करके बोली, "तू इतने मुखों से खाता तो है, उसे तृप्त नहीं होता ? मैं लज्जित होकर रह गया।"

सेवा-व्रत

सन् 1897 में भारत में महामारी का प्रकोप हुआ। स्वामी विवेकानन्द ने देश-सेवा व्रती सन्यासियों की एक छोटी-सी मंडली बनाई। यह मंडली तन-मन से दीन-दुखियों की सेवा करने लगी। ढाका, कलकत्ता, मद्रास आदि में सेवाश्रम खोले गए। वेदांत के प्रचार के लिए जगह-जगह विद्यालय स्थापित किए गए। कई अनाथालय भी

खोल दिए गए।

ये सभी कार्य स्वामी जी के निरीक्षण में हो रहे थे। उनका स्वास्थ्य काफी बिगड़ गया था, फिर भी वह स्वयं घर-घर घूमकर पीड़ितों को आश्वासन तथा आवश्यक सहायता देते रहते थे। जिन मरीजों को देखकर डॉक्टर भी भाग जाते थे, उनकी सहायता करने में स्वामी जी और उनके अनुयायी कभी पीछे नहीं हटे।

ईश्वर के दर्शन

स्वामी विवेकानन्द जी ने पहली बार जब अपने गुरु के दर्शन किए, तो उसका वर्णन उन्होंने ऐसा किया- देखने में तो वह बिलकुल साधारण आदमी मालूम होते थे। उनके रूप में कोई विशेषता नहीं थी। बोली बहुत सरल और सीधी थी। मैंने मन में सोचा कि क्या यह संभव है कि यह सिद्ध पुरुष हों ? मैं धीरे-धीरे उनके पास पहुंचा और उनसे पूछा, जो मैं प्राय: औरों से पूछा करता था, "महाराज, क्या आप ईश्वर के अस्तित्व में विश्वास रखते हैं ?"

"हां।" उन्होंने जवाब दिया।

"क्या आप उसका अस्तिवत्व सिद्ध कर सकते हैं ?" स्वामी जी ने अगला प्रश्न पूछा।

"हां।" उन्होंने कहा।

"कैसे ?" स्वामी जी ने फिर पूछा।

"मैं उसे ठीक वैसे ही देखता हूं, जैसे तुम्हें।" उनके गुरु ने जवाब दिया।

देशवासी

स्वामी विवेकानन्द जी 'विश्वधर्म सम्मेलन' में भाग लेने अमेरिका पहुंचे। वह सादे वस्त्रों में एक बगीचे में बैठे थे कि एक भद्र महिला उनके पास आई और थोड़ी-सी बातचीत में वह उनसे प्रभावित हो गई और अपने पति की इच्छा से वह उन्हें अपने आवास पर ले गई और उनके रहने, खाने, पीने की समुचित व्यवस्था कर दी।

एक रात दो बजे स्वामी जी के कमरे से रोने की आवाज सुनकर उस महिला की नींद

खुल गई। उसने स्वामी जी से पूछा, "स्वामी जी, आपके रोने का क्या कारण है? आपको क्या कष्ट है? मखमली बिस्तर छोड़कर आप नंगे फर्श पर ठंड से क्यों ठिठुर रहे हैं ?"

स्वामी जी ने उत्तर दिया, "मुझे यहां पूरा आराम है, पर ये रेशमी गद्दे और ऊनी कपड़े मेरा उपहास कर रहे हैं। मुझे अपने गरीब देश के करोड़ों निर्धन, नंगे देशवासी नहीं भूलते। वे देश के लिए अनाज पैदा करते हैं, पर उन्हें खुद खाने को एक दाना अनाज मयस्सर नहीं, वे ठण्डी रातों में ईंट का सिरहाना लगाकर कठोर जमीन पर सो जाते हैं। उन्हीं देशवासियों की याद में मुझे इन रेशमी गद्दों पर नींद नहीं आई। मुझे यही अफसोस है कि मेरे कारण आपकी नींद खराब हो गई।"

▣▣▣

ज्ञान

एक बार स्वामी विवेकानन्द ने अपने गुरु स्वामी रामकृष्ण परमहंस से पूछा, "बहुत-से पंडित अनेक शास्त्रों का पाठ करते हैं। वेद-पाठ में ही संपूर्ण जीवन बिता देते है तथापि उन्हें ज्ञान-लाभ क्यों नहीं होता?"

स्वामी जी ने हंसते हुए उत्तर दिया, "चील, गिद्ध आदि पक्षी उड़ते तो बहुत ऊंचाई पर हैं, लेकिन उनकी दृष्टि पृथ्वी पर पड़े मांस के टुकड़ों पर ही रहती है। ठीक उसी प्रकार वेद-शास्त्रों एवं ग्रंथों का पाठ करने से क्या लाभ होगा? यदि मन हमेशा सांसारिक वस्तुओं की ओर ही लगा रहे।"

▣▣▣

पवहारी बाबा

भारत भ्रमण के दौरान स्वामी विवेकानन्द एक संत से मिले जिसने उन्हें पवहारी बाबा की एक कथा सुनाई। कथा इस प्रकार थी- प्रसिद्ध योगी पवहारी बाबा गंगातट पर निर्जन वास करते थे। एक रात बाबाजी की कुटिया में एक चोर घुसा। कुछ बरतन, कपड़े और एक कंबल ही बाबा की कुल जमा पूंजी थी। चोर बरतनों को बांधकर जल्दी से निकल जाने का प्रयास करने लगा। जल्दबाजी में वह कुटिया की दीवार से टकरा गया और घबराहट में भागते समय चोरी का सामान भी गिर गया।

बाबा आसन से उठे और चोर के पीछे दौड़ने लगे। काफी दूर तक पीछा करने के बाद बाबा ने उसे पकड़ ही लिया। भयभीत चोर कांप रहा था। लेकिन बाबा उसके चरणों में गिर पड़े और आंखों में आंसू भरकर बोले- 'प्रभु आज आप चोर के वेश में मेरी कुटिया में आए पर आपने कुछ चीजें छोड़ दी थीं। कृपया इन्हें भी अपने साथ ले जाएं।' वह चोर भाव-विभोर हो गया और बाबा के प्रेमपूर्वक किए आग्रह से उसे वह सामान स्वीकारना पड़ा। बाबा ने एक अपराधी में ईश्वर को देखा था।

कथा के अंत में संत ने स्वामी विवेकानन्दजी से पूछा कि क्या आप जानते हैं कि वह चोर कौन था? अनभिज्ञता प्रकट करने पर उन्होंने बताया वह चोर मैं था।

▣▣▣

निर्भीक बालक

बचपन से ही भय किसे कहते हैं नरेन्द्र नहीं जानते थे। जब उनकी आयु केवल छह वर्ष थी एक दिन वे अपने मित्रों के साथ 'चड़क' का मेला देखने गये। नरेन्द्र मेले में से मिट्टी की महादेव की मूर्तियां खरीद कर लौट रहे थे कि उनके दल का एक बालक अलग होकर फुटपाथ के से रास्ते पर जा पहुंचा। उसी समय सामने से एक गाड़ी अती देख वह बालक बुरी तरह घबरा गया। आसपास के देखने वाले भी दुर्घटना की आशंका से चीख उठे। नरेन्द्र ने जब देखा कि घोड़ागाड़ी उस बालक की ओर तेजी से आ रही है तो बिना विलम्ब किए मूर्तियों को एक ओर फेंक नरेन्द्र उस बालक को घोड़ागाड़ी के नीचे से बाहर खींच लाए।

इसमें संदेह नहीं की क्षणभर के विलंब से बच्चे की जान जा सकती थी जिसे समय रहते नरेन्द्र ने बचा लिया था। छोटे-से निर्भीक बालक की सूझबूझ व बहादुरी को देख सभी दंग रहे गए।

नरेन्द्र ने घर जाकर जब मां को जब यह कहानी सुनाई तो मां ने उसे अपने कलेजे से लगा कर कहा "बेटा, इसी भांति सदैव मनुष्य की तरह काम करना।

▣▣▣

देशप्रेम और सेवाभाव

कलकत्ता नगर में महामारी (प्लेग) का प्रकोप था। प्रतिदिन सैकड़ों व्यक्तियों पर उसका आक्रमण होता था। हालत बिगड़ती देखकर सरकार ने स्थिति का नियंत्रण करने के लिए कड़े नियम बनाए। पर जब नगर निवासी अनुशासन की कमी से उनका पालन करने में ढीलढाल करने लगे तो शहर के भीतर और चारों तरफ फौज तैनात कर दी गई। इससे नगरवासियों में बड़ा आतंक फैल गया और उपद्रव हो जाने की आशंका होने लगी। स्वामी विवेकानन्द उस समय विदेशों में हिन्दू धर्म की ध्वजा फहराकर और भारतवर्ष का दौरा करके कलकत्ता आए ही थे। वे अपने देशी- विदेशी सहकारियों के साथ बेलूड़ में रामकृष्ण परमहंस मठ की स्थापना की योजना में संलग्न थे। लोगों पर इस घोर विपत्ति को आया देखकर वे सब काम छोड़कर कर्मक्षेत्र में कूद पड़े और बीमारों की चिकित्सा तथा सफाई के लिए एक बड़ी योजना बना डाली।

गुरुभाई ने पूछा- स्वामीजी? इतनी बड़ी योजना के लिए 'फंड' कहाँ से आएगा?

स्वामीजी ने तुरंत उत्तर दिया- आवश्यकता पड़ेगी तो इस मठ के लिए जो जमीन खरीदी है उसे बेच डालेंगे। सच्चा मठ तो सेवा कार्य ही है। हमें तो सदैव संन्यासियों के नियमानुसार भिक्षा माँगकर खाने तथा पेड़ के नीचे निवास करने को तैयार रहना चाहिए।स्वामी विवेकानन्द बेलूर में श्री रामकृष्ण परमहंस मठ की स्थापना हेतु धन संग्रह कर रहे थे। भूमि भी खरीदी जा चुकी थी। इन्हीं दिनों कलकत्ता में प्लेग की महामारी फैल गई। स्वामीजी तुरंत मठ निर्माण की योजना स्थगित कर सारी एकत्रित धनराशि ले रोगियों की सेवा में लग गए। किसी ने उनसे पूछा, "अब मठ का निर्माण कैसे होगा?"

स्वामीजी ने उत्तर दिया, "इस समय मठ निर्माण से अधिक मानव सेवा की आवश्यकता है। मठ तो फिर भी बन सकता है परन्तु गया हुआ मानव हाथ नहीं आएगा। आवश्यकता पड़ी तो मैं इसके लिए मठ की भूमि भी बेच दूंगा। मठ का निर्माण मानव धर्म से ऊपर नहीं है।"

स्वामी विवेकानन्द मानव धर्म को सर्वोपरि समझते थे।

जापानी बालक की देशभक्ति

स्वामी विवेकानन्द जब जापान गये तो उन्हें ढूंढने पर भी कही फल नहीं मिले (फल के नाम के बारे में नहीं पता), तभी उन्होंने खुद से कहा, शायद हमें यहां वह फल नही मिलेगा।

तभी वहा खड़े एक लड़के ने स्वामीजी के इन शब्दों को सुन लिया, सुनते ही वह दौड़ा और स्वामीजी के पास फलों से बड़ी बास्केट लेकर आया और कहा कि, "कभी किसी को ये मत कहना की जापान में फल नही मिलते."

तेरी हड्डियों से भी विश्व कल्याण होगा

परम जिज्ञासु नरेन्द्र का साधकरूप आजीवन बना रहा। उन्होंने एक बार रामकृष्ण से कहा था कि मैं सुखदेव की तरह समाधि में लीन रहना चाहता हूं, तो रामकृष्णदेव ने कहा था कि तेरे से बहुत उम्मीदें हैं। तू इतना स्वार्थी बनेगा।

नरेन्द्र ने कहा था, बिना निर्विकल्प समाधि के मैं कुछ भी नहीं कर सकता हूं, तो विवेकानन्द को रामकृष्ण ने निर्विकल्प समाधि तक पहुंचाया और फिर कहा कि अब ताला बंद है और चाबी मेरे पास है। तू तो क्या तेरी हड्डियों से भी विश्व कल्याण के कार्य होंगे, जो आज सत्य प्रतीत होता है।

गुरु-शिष्य का पहला मिलन

एफए की पढ़ाई करते हुए नरेन्द्र अपने नाना के मकान पर अकेले रहते थे और अध्ययन करते थे। एक बार श्रीरामकृष्ण देव उस मोहल्ले में आए और एक भक्त के वहां रुके। सत्संग हो रहा था। भजन के लिए बालक नरेन्द्र को वहां बुलाया गया। नरेन्द्र का गीत सुनकर रामकृष्ण समाधिस्थ हो गए और जब कार्यक्रम की समाप्ति कर वे दक्षिणेश्वर जा रहे थे, तब नरेन्द्र का हाथ अपने हाथ में लेकर बोले - तू, दक्षिणेश्वर जरूर आना। विवेकानन्द ने हां कर दिया।

विवेकानन्द ने भारतीय और पाश्चात्य दर्शनों का बढ़ी गहराई से अध्ययन किया था। कुछ समय के लिए वे संदेहवादी भी हो गए थे। एक दिन माघ की सर्द रात में वे ईश्वर के बारे में चिंतन कर रहे थे। उन्हें विचार आया कि रवींद्रनाथ टेगौर के पूज्य पिता श्री देवेंद्रनाथ

ठाकुर गंगा नदी में नाव पर बैठकर साधना करते हैं। उन्हीं से पूछा जाए।

वे तत्काल गंगा घाट गए और तैरते हुए नाव में पहुंच गए। उन्होंने महर्षि से पूछा, आप तो पवित्र गंगा में रहकर इतने समय से साधना कर रहे हैं, क्या आपको ईश्वर का साक्षात्कार हुआ। महर्षि इस बात का स्पष्ट जवाब नहीं दे सके। केवल इतना कहा, नरेन्द्र तुम्हारी आंखें बताती हैं कि तुम बहुत बड़े योगी बनोगे।

नरेन्द्र ने कहा, महर्षि, मेरी बात छोड़िए, क्या आपको ईश्वर का साक्षात्कार हुआ है? इस बात का महर्षि के पास कोई जवाब नहीं था। नरेन्द्र लौट कर अपने कमरे पर आ जाते हैं और विचार करते हैं कि जब महर्षि जैसे व्यक्ति को ईश्वर साक्षात्कार नहीं हुआ

तो मेरे जैसे कि क्या बिसात।

अगले दिन सवेरे, विवेकानन्द को रामकृष्ण देव की याद आई। वे दक्षिणेश्वर की ओर चल दिए। वहां पहुंचने पर उन्होंने देखा कि रामकृष्ण भक्तों से घिरे हुए बैठे हैं और आनंदपूर्वक चर्चा कर रहे हैं। नरेन्द्र को देखकर रामकृष्ण बहुत प्रसन्न हुए। उन्होंने कहा, तू आ गया। अच्छा किया। परंतु नरेन्द्र ने उनसे वही सीधा प्रश्न किया कि क्या आपने ईश्वर को देखा है? तो परमहंस ने जवाब दिया, हां देखा है और मैं तुम्हें भी दिखा सकता हूं। इसके बाद 1881 से 1886 तक नरेन्द्र ने रामकृष्ण के शिष्य के रूप में कई रातें दक्षिणेश्वर में बिताईं और साधनाएं कीं।

◙◙◙

पहले संचय करो, फिर बांटना

नरेन्द्र नीचे बगीचे में बैठकर अपने गुरु भाईयों के साथ ध्यान कर रहे थे। एक गुरुभाई सगुणसाकार ईश्वर में विश्वास करता था। नरेन्द्र ने उससे कहा, "जब मैं ध्यान करूं, तब तुम मुझे स्पर्श कर लेना।"

उस व्यक्ति ने वैसा ही किया और विवेकानन्द को छूते ही उसके भाव बदल गए।

ऊपर से आवाज देकर रामकृष्ण ने नरेन्द्र से कहा, "अरे...पहले संचय करो, फिर बांटना। तू नहीं जानता तूने इसका कितना नुकसान किया। ये अपने भाव से भटक गया है। और किसी के भाव को नष्ट करना एक हिंसा होती है।"

विवेकानन्द को अपनी गलती का अहसास हुआ।

◙◙◙

गुरु होने का सौभाग्य

बालक नरेन्द्र बचपन से ही मेधावी, स्वतंत्र विचारों के धनी व्यक्ति थे। पढ़ने में बहुत होशियार थे। कम प्रयास में ही विद्यालय में अच्छे अंकों से उत्तीर्ण होते थे और अपने शिक्षकों के प्रिय पात्र थे।

उस समय दक्षिणेश्वर में श्रीरामकृष्ण परमहंस एक प्रख्यात ईश्वरप्राप्त व्यक्ति थे। वे मां काली के उपासक थे। दक्षिणेश्वर में रहकर काली की पूजा अर्चना करते हुए उन्होंने चार वर्ष के अंदर ही मां काली का साक्षात्कार किया। उस समय उनका कोई गुरु नहीं था। केवल अंतःकरण की विकलता से ही उन्हें काली का साक्षात्कार हुआ था।

इसके बाद उन्होंने राममार्गी साधुओं से राममंत्र की दीक्षा ली और रामनाम की साधना में व्यस्त हुए। हनुमानजी के रूप में अपने को मानते हुए भगवान राम से साक्षात्कार हुआ। उन्होंने राधा भाव से साधना करते हुए कृष्ण से साक्षात्कार किया। इस्लाम और ईसाईयत के सत्य को भी उन्होंने अनुभूत किया। ऐसे व्यक्ति को विवेकानन्द का गुरु होने का सौभाग्य मिला।

भिखारी को सीख

एक बार स्वामी विवेकानन्द रेल में यात्रा कर रहे थे। एक भिखारी ने अपनी गरीबी का हवाला देते हुए उनसे भीख मांगी। पहले स्वामीजी ने कुछ जवाब नहीं दिया, फिर दूसरी बार भिखारी ने कहा, 'श्रीमान, मैं बहुत गरीब हूं, मेरे पास कुछ भी नहीं है, मुझ पर दया करो। कुछ मदद करो।' उसके दोबारा भीख मांगने पर स्वामी जी की आंखें भर आईं। तपाक से सहयात्री ने पूछा, 'श्रीमान क्या बात है? आपकी आंखों में आंसू क्यों?'

इसका जवाब देते हुए स्वामी विवेकानन्द ने कहा, 'इस अमीर आदमी का दयनीय जीवन जीना और इस तरह भीख मांगना मुझे कष्ट दे रहा है। इसी कारण मेरी आंखों में आंसू आ गए।' इस पर सहयात्री ने कहा, 'अरे, यह तो भिखमंगा है। आप इसे अमीर कैसे कह रहे हैं?' स्वामीजी ने बड़े ही नम्र भाव से भिखारी से पूछा, 'क्या आप मुझे अपना बायां हाथ एक लाख रुपये में बेचेंगे?

मैं खरीदना चाहता हूं, रुपये अभी दूंगा।' भिखारी ने अपना हाथ पीछे की ओर खींच

लिया और नहीं में सिर हिलाया। 'क्या दायां हाथ एक लाख में दोगे?' भिखारी ने कहा, नहीं! 'क्या बायां पांव एक लाख में दोगे?' 'नहीं!' 'दूसरा पांव दो लाख में दोगे?' 'नहीं।' भिखारी ने कहा, 'नहीं, ये बेचने के लिए नहीं हैं।' 'क्या अपनी एक आंख दो लाख में दोगे?' यहां पर भी उत्तर नकारात्मक ही था।

'दूसरी आंख के 5 लाख दूंगा।' भिखारी चीखकर बोला, 'नहीं, नहीं। मैं इन्हें नहीं बेचूंगा, मैं इन्हें नहीं बेच सकता।' इस पर स्वामी जी बोले, 'लाखों की इस संपत्ति के होते हुए भी तुम भीख मांग रहे हो। क्या अब भी तुम समझते हो कि तुम गरीब हो? क्या सचमुच तुम्हारे पास कुछ नहीं है?'

अब भिखारी चुप था। कुछ पल गुमसुम रहने के बाद उसने स्वामी जी को प्रणाम करते हुए कहा, 'महाराज, आपने मेरी आंखें खोल दीं। अब जिंदगी में कभी मैं भीख नहीं मांगूंगा।'

काली मां से विवेक का वरदान

इसी प्रकार की दूसरी घटना उस समय हुई जब सन् 1884 में नरेन्द्र के पिता श्री विश्वनाथ दत्त का देहांत हो गया और पारिवारिक झगड़ों के कारण घर की आर्थिक स्थिति अत्यंत शोचनीय हो गई। किसी दिन तो घर में चूल्हा भी नहीं जल पाता था और सबको भूखा ही रह जाना पड़ता था। नरेन्द्र उस समय तक यद्यपि एम.ए. में पढ़ रहे थे, पर अध्यात्म की तरफ मनोवृत्ति होने के कारण रोजगार की तरफ कुछ ध्यान न देते थे। पर अब इस आकस्मिक विपत्ति के आ जाने से उनका ध्यान कोई काम करने की तरफ गया और बराबर सरकारी और गैर सरकारी कार्यालयों में किसी छोटी- मोटी नौकरी के लिए चक्कर लगाने लगे। पर कई महीने बीत जाने पर भी जब सफलता न मिली और परिवार वालों का कष्ट बहुत बढ़ गया तो उनको परमहंस देव का ख्याल आया कि उनके आशीर्वाद से इस विपत्ति से छुटकारा पाया जाए।

जब नरेन्द्र ने यह समस्या गुरुदेव के सम्मुख रखी और उनसे काली माता के सम्मुख इसकी प्रार्थना करने का आग्रह किया, तो उन्होंने कहा- ''भैया, मुझसे तो ऐसी बात कही नहीं जाएगी। तू ही क्यों नहीं कहता? तू मां को नहीं मानता, इसीलिए तो यह सारा बखेड़ा खड़ा हुआ है।''

परमहंस देव के समझाने पर नरेन्द्र मंदिर के भीतर पहुंचे और उन्होंने देखा कि वास्तव में वहां अनंत प्रेम की वर्षा करती हुई माता का चिन्मय स्वरूप उपस्थित है। भक्ति और प्रेम से उनका हृदय भर गया और बार-बार प्रणाम करके कहने लगे- ''मां विवेक दो, वैराग्य दो, भक्ति दो, और ऐसा करो जिससे नित्य तुम्हारा दर्शन होता रहे।''

जब वे बाहर आए तो परमहंस जी ने पूछा- ''क्यों, मां के पास जाकर आर्थिक तंगी को दूर करने की प्रार्थना की?'' उनके इस प्रश्न से चौंक कर नरेन्द्र ने कहा- ''नहीं, उसे तो मैं भूल ही गया। अब क्या होगा?''

परमहंस देव ने कहा- ''जा जा, फिर चला जा। वहां जाकर मां को सब बात बतला दे, वे अवश्य सब व्यवस्था कर देंगी।''

नरेन्द्र फिर मंदिर में गए, पर भीतर पहुंचते ही फिर सब बात भूल गए और बार-बार ज्ञान और भक्ति के लिए प्रार्थना करके बाहर ही निकल आए।

तीसरी बार भी ऐसा ही हुआ और तब वे परमहंस देव को पकड़ कर बैठ गए कि ''यह सब आपकी ही लीला है, अब मेरे परिवार के निर्वाह की व्यवस्था आप ही कीजिए। अंत में परमहंस जी को कहना पड़ा कि, ''जा, तुम्हारे परिवार को रोटी-कपड़े की कमी नहीं रहेगी।'' हुआ भी ऐसा ही।

मूर्खता पर ज्ञान की वरीयता

एक बार स्वामी विवेकानन्द काशी गए। वहां के विद्वान समाज में उनके ज्ञान के कारण जल्द ही चारों ओर उनकी ख्याति फैल गई। प्रतिदिन उनसे मिलने दूर-दूर से बड़ी संख्या में ज्ञानी जन-सामान्य जन आने लगे। अनेक बार ऐसा होता कि स्वामी जी से कुछ लोग बड़े जटिल प्रश्न करते, लेकिन स्वामी जी उन प्रश्नों का इतना सटीक और संतुलित उत्तर देते थे कि सुनने वाले उनकी विद्वता के कायल हो जाते।

एक बार की बात है- स्वामी विवेकानन्द लोगों से घिरे बैठे थे। प्रश्न–उत्तर व गंभीर चर्चा का दौर चल रहा था। सहसा एक व्यक्ति के मन में आया कि स्वामी जी से ऐसा बेहूदा प्रश्न पूछा जाए कि वे उत्तर ने दे पाएं और उसमें उलझकर रह जाएं। उसने खड़े होकर प्रश्न पूछने की अनुमति मांगी।

स्वामी जी ने अनुमति दे दी। तब वह बोला, '' स्वामी जी यह बताइए कि संत कबीर

दास ने दाढ़ी क्यों रखी थी?"

स्वामी जी उसका मंतव्य समझ गए। वे मुस्कराकर बोले, " भाई, अगर वे दाढ़ी नहीं रखते तो आप पूछते कि कबीर दास ने दाढ़ी क्यों नहीं रखी ?"

यह सुनकर वह व्यक्ति लज्जित होकर चुपचाप वहां से चला गया।

▣▣▣

ब्रहम समाज का त्याग

बहुत समय बीतने के बाद नरेन्द्र दक्षिणेश्वर नहीं आए। रामकृष्ण उन्हें देखने के लिए व्याकुल हो उठे। रविवार का दिन था, नरेन्द्र से मिलने वो शहर की ओर चल दिए। मार्ग में उन्होंने सोचा, "आज रविवार है, नरेन्द्र शायद घर पर न मिले, लेकिन शाम को कदाचित् ब्रहम समाज के उपासना भजन गाने जाए।"

ऐसा सोचकर रामकृष्ण शाम के समय ब्रहम समाज के उपासक भवन में जाकर नरेन्द्र को खोजने लगे। आचार्य वेदी पर उन्होंने नरेन्द्र को खड़ा दिखाई दिया। नरेन्द्र व्याख्यान दे रहा था। सरल स्वभावी रामकृष्ण वेदी की ओर बढ़ आए।

उपस्थित सज्जनों में से कई ने उन्हें पहचान लिया। उन्हें देखते ही कानाफूसी शुरू हो गई और लोग उचक-उचककर उन्हें देखने लगे।

रामकृष्ण वेदी के निकट पहुंचकर उचाकर भावाविष्ट हो गए। उन्हें इस अवस्था में देखने की लोगों में ओर उत्सुकता बढ़ी। उपासना गृह में गड़बड़ होती देख संचालकों ने गैस की बालियां बुझा दीं।

अंधेरा हो जाने के कारण जनता में मंदिर से निकलने के लिए हड़बड़ी मच गई।

नरेन्द्र समझ गया था कि रामकृष्ण उसे यहां मुझे देखने की लालसा में आए हैं। उसने अंधेरा होते ही उन्हें संभाल लिया। रामकृष्ण की समाधि भंग हुई, तो वे किसी तरह उन्हें पिछले दरवाजे से बार निकाल लाए और गाड़ी में बैठाकर दक्षिणेश्वर पहुंचाया।

रामकृष्ण के साथ ब्रहम समाज के सदस्यों की अशिष्टता तथा उनका अभद्र व्यवहार देखकर नरेन्द्र को गहरा सदमा पहुंचा। उन्होंने उसी दिन ब्रहम समाज को त्याग दिया।

▣▣▣

समाधि का अनुभव

विवेकानन्द जब सिर्फ 19 साल के थे, तो वह बहुत तर्कसम्मत और बुद्धिमान थे। साथ ही, वह जोश से भरे हुए थे। वह हर चीज का जवाब चाहते थे। उन्होंने आकर रामकृष्ण से कहा, 'आप हर समय बस भगवान, भगवान करते रहते हैं। इसका क्या प्रमाण है कि भगवान हैं? मुझे सुबूत दीजिए।' रामकृष्ण बहुत साधारण इंसान थे। वह पढ़े-लिखे नहीं थे। वह विद्वान नहीं, आध्यात्मिक पुरुष थे। तो उन्होंने कहा, 'मैं ही प्रमाण हूं।'

रामकृष्ण बोले, 'मैं इस बात का प्रमाण हूं, कि ईश्वर है।'

विवेकानन्द को समझ नहीं आया कि वह क्या करें क्योंकि यह तो बस पागलपन था। वह किसी बौद्धिक जवाब की उम्मीद कर रहे थे कि 'बीज का अंकुरण और पृथ्वी का घूमना ईश्वर के होने का प्रमाण है।' मगर रामकृष्ण बोले, 'मैं इसका प्रमाण हूं कि ईश्वर का अस्तित्व है।' रामकृष्ण के कहने का मतलब यह था कि 'मैं जैसा हूं, यह प्रमाण है।' विवेकानन्द को समझ नहीं आया कि वह क्या कहें और वह चले गए।

तीन दिन बाद, उन्होंने वापस आकर पूछा, 'ठीक है, क्या आप मुझे ईश्वर के दर्शन करा सकते हैं?' रामकृष्ण ने पूछा, 'तुम्हारे पास उन्हें देखने की हिम्मत है?' उस साहसी लड़के ने कहा, 'हां' क्योंकि यह बात उसे परेशान कर रही थी। रामकृष्ण ने विवेकानन्द की छाती पर अपने पैर रख दिए और विवेकानन्द समाधि की अवस्था में चले गए, जहां वह मन की सीमाओं से परे चले गए। वह लगभग 12 घंटे बाद समाधि से बाहर आए और जब आए, तो वह पूरी तरह बदल चुके थे। उसके बाद उन्होंने अपने जीवन में कभी कोई प्रश्न नहीं पूछा

अंतिम दिन

114 साल पहले इसी दिन यानी 4 जुलाई 1902 को भारतीय चिंतन के प्रकाश को विश्व पटल पर प्रकाशित करने वाले महापुरुष विवेकानन्द का अवसान हुआ था। बहुत से लोग जानना चाहते होंगे कि आखिर विवेकानन्द ने कैसे देह त्याग की थी या कि उनके जीवन के आखिरी दिन क्या हुआ था।

4 जुलाई 1902 आषाढ़ कृष्ण अमावस्या का दिन था। स्वामी विवेकानन्द पश्चिम बंगाल के बेलूर मठ में थे। रोज की तरह सुबह जल्दी उठे। नित्य कार्यों से निवृत्त होकर ध्यान, साधना एवं भ्रमण के कार्य को सम्पन्न किया। इसके बाद भोजनालय में गए। भोजन व्यवस्था को देखा और अपने शिष्यों को बुलाया।

स्वयं अपने हाथों से सभी शिष्यों के पैर धोए। शिष्यों ने संकोच करते हुए स्वामीजी से पूछा, 'ये क्या बात है?' स्वामीजी ने कहा, 'जिसस क्राइस्ट ने भी अपने हाथों से शिष्यों के पैर धोए थे।' शिष्यों के मन में विचार गूंजा, 'वह तो उनके जीवन का अंतिम दिन था।'

इसके बाद सभी ने भोजन किया। स्वामीजी ने थोड़ा विश्राम किया और दोपहर डेढ़ बजे सभी को हॉल में बुला लिया। तीन बजे तक संस्कृत ग्रंथ लघुसिद्धांत कौमुदी पर मनोरंजक शैली में स्वामीजी पाठ पढ़ाते रहे। खूब ठहाके लगे। व्याकरण जैसा नीरस विषय रसमय हो गया। शिष्यों को डेढ़ घंटे का समय जाते पता ही न चला।

सायंकाल स्वामीजी अकेले आश्रम परिसर में घुम रहे थे। वे अपने आप से कह रहे थे, 'विवेदानंद को समझने के लिए कोई अन्य विवेकानन्द चाहिए। विवेकानन्द ने कितना कार्य किया है यह जानने के लिए कोई विवेकानन्द ही होना चाहिए। चिंता की बात नहीं, आने वाले समय में इस देश के अंदर कई विवेकानन्द अवतरित होंगे और भारत को ऊंचाइयों पर पहुंचाएंगे।'

संध्या होने के बाद स्वामीजी अपने कमरे में गए। खिड़कियां बंद कीं और ध्यान मुद्रा में बैठ गए। कुछ समय जप किया। बाद में खिड़कियां खोल दीं। बिस्तर पर लेट गए और ओम का उच्चारण करते हुए इस दुनिया से विदा ली।

लगभग चालीस वर्ष की अल्पआयु में भारतीय चिंतन को समग्र विश्व में फैलाने वाले इस महापुरुष के जीवन का एक-एक क्षण आनंदपूर्ण, उल्लासमय और भारत के खोए वैभव को पूरी दुनिया में प्रचारित करने के लिए समर्पित रहा। (सत्येंद्र मजूमदार की 'विवेक चरित्र' से उद्धृत)

गंगा हमारी मां है

एक बार स्वामी विवेकानन्द जी अमेरिका में एक सम्मलेन में भाग ले रहे थे। सम्मलेन के बाद कुछ पत्रकारों ने उन से भारत की नदियों के बारे में एक प्रश्न पूछा।

पत्रकार ने पूछा, "स्वामी जी आप के देश में किस नदी का जल सबसे अच्छा है"?

स्वामी जी का उत्तर था, "यमुना का जल सभी नदियों के जल से अच्छा है।"

पत्रकार ने फिर पूछा, "स्वामी जी आप के देशवासी तो बोलते है कि गंगा का जल सब से अच्छा है।"

स्वामी जी का उत्तर था, "कौन कहता है गंगा नदी है, गंगा हमारी मां है और उस का नीर जल नहीं है, अमृत है।"

यह सुन कर वहां बैठे सभी लोग स्तब्ध रह गये और सभी स्वामी जी के सामने निरुत्तर हो गये।

स्वामी विवेकानन्द ने किताब कुछ ऐसे पढ़ी

आज जानते हैं स्वामी विवेकानन्द के जीवन से जुड़ी एक अनोखी घटना जो बताती है कि हमारी पांच इंद्रियां हमारी सीमाएं नहीं हैं, हम इनसे आगे जा सकते हैं। वे पहले योगी थे जो पश्चिम गए और वहां जा कर उन्होंने हलचल मचा दी। यह घटना सौ साल पुरानी है । उन्होंने अपना पहला कदम शिकागो में रखा, और फिर वहां से वे यूरोप गए।

उन महाशय ने जो भी पेज संख्या बताई, विवेकानन्द ने उसी वक्त पूरे पेज का एक-एक शब्द उनको सुना दिया। उन्होंने किताब खोली ही नहीं, बस, उसे दोनों हथेलियों के बीच पकड़े रहे।

जब वे जर्मनी पहुंचे, तो वे वहां एक ऐसे आदमी के घर मेहमान बने, जो उस समय का मशहूर कवि और दार्शनिक था। रात के भोजन के बाद, वे दोनों अध्ययन कक्ष में बैठ कर बातचीत कर रहे थे। मेज पर एक किताब रखी थी, जो थोड़ी पढ़ी हुई लग रही थी। वे दार्शनिक महाशय उस किताब की बहुत तारीफ कर रहे थे, इसलिए स्वामी विवेकानन्द बोले, "मुझे एक घंटे के लिए यह किताब दे दीजिए, जरा देखूं तो इसमें क्या है।" उन महाशय को बुरा लगा और थोड़े आश्चर्य के साथ उन्होंने पूछा, "क्या? एक घंटे के लिए ! एक घंटे में आप क्या जान लेंगे? मैं यह किताब कई हफ्तों से पढ़ रहा हूं, पर अभी तक किसी नतीजे पर नहीं पहुंच पाया हूं। इतना ही नहीं, यह किताब जर्मन भाषा में है, और आप जर्मन भाषा नहीं जानते,आप इसको पढ़ेंगे कैसे?" विवेकानन्द ने कहा, "मुझे बस

एक घंटे के लिए दे दीजिए; देखूं तो सही।" उन महाशय ने मजाक समझ कर वह किताब उनको दे दी।

विवेकानन्द ने किताब ले कर अपनी दोनों हथेलियों के बीच दबा कर पकड़ ली और बस यूं ही एक घंटे तक बैठे रहे। फिर उन्होंने किताब लौटा दी और कहा, "इस किताब में कुछ खास नहीं है।" उन महाशय ने सोचा कि यह तो आला दर्जे का अहंकार है। ये किताब खोल भी नहीं रहे, यह उस भाषा में है जो इनको आती ही नहीं, और ये इस पूरी किताब के बारे में अपनी राय दे रहे हैं! वे महाशय बोले, "बिलकुल बेकार की बात है।" विवेकानन्द ने कहा, "आप मुझसे किताब के बारे में कुछ भी पूछ लीजिए। बोलिए, आप कौन-से पेज के बारे में जानना चाहते हैं?" उन महाशय ने जो भी पेज संख्या बताई, विवेकानन्द ने उसी वक्त पूरे पेज का एक-एक शब्द उनको सुना दिया। उन्होंने किताब खोली ही नहीं, बस, उसे दोनों हथेलियों के बीच पकड़े रहे। पर वे किसी भी पेज को इसी तरह सुना देते। उन महाशय को बिलकुल यकीन नहीं हो पाया। उन्होंने कहा, "यह क्या है? किताब खोले बिना और वह किताब भी उस भाषा की जो आपको नहीं आती, आप यह सब कैसे बता सकते हैं?" तब विवेकानन्द ने कहा, "इसीलिए तो मैं विवेकानन्द हूं।" 'विवेक' का मतलब बोध होता है। उनका असली नाम नरेन था। इसीलिए उनका नाम था 'विवेकानन्द', क्योंकि उनके पास ऐसी विशेष बोध-क्षमता थी।

उस एक घटना ने बदल दिया विवेकानन्द का जीवन

बात उन दिनों की है जब स्वामी विवेकानन्द नए-नए संन्यासी बने थे। उस समय तक उन्होंने प्राणिमात्र में समान भाव से ईश्वर के दर्शन के संदेश का गंभीरता से अध्ययन नहीं किया था। एक बार वह गांवों की स्थिति का अध्ययन करने तथा लोगों को सदाचारी बनने और दुर्व्यसनों से दूर रहने का उपदेश देने निकले।

भीषण गर्मी में स्वामी जी एक गांव से गुजर रहे थे। उन्हें प्यास लगी थी। खेत की मेड़ पर बैठे एक व्यक्ति को लोटे से पानी पीते देखकर उन्होंने कहा, भैया, मुझे भी थोड़ा पानी पिला दो। उस ग्रामीण ने भगवा वस्त्रधारी को देखकर सिर झुकाया और बोला, महाराज, मैं निम्न जाति का व्यक्ति आपको अपने हाथ से पानी पिलाकर पाप मोल नहीं ले सकता।

स्वामी जी यह सुनकर आगे बढ़ लिए। कुछ ही क्षणों में उन्हें लगा कि उन्होंने

संन्यासी बनने के लिए जाति, परिवार और पुरानी प्रचलित गलत मान्यताओं का त्याग कर दिया, फिर आग्रह करके उस निश्छल ग्रामीण का पानी क्यों नहीं स्वीकार किया। उनका जाति अभिमान क्यों जाग उठा? यह तो अधर्म हो गया।

वह तुरंत किसान के पास लौटकर बोले, भैया, मुझे क्षमा करना। मैंने तुम जैसे निश्छल परिश्रमी व्यक्ति के हाथों से पानी न पीकर घोर पाप किया है। निम्न जाति तो उसकी होती है, जो दुर्व्यसनी और अपराधी होता है।

स्वामी जी ने उसके हाथ से पानी ग्रहण किया। बाद में वह खुलकर ऊंच-नीच की भावना पर प्रहार करते रहे।

शून्य पर बोले स्वामी विवेकानन्द

ये कहानी बहुत दिलचस्प है और इसे बहुत कम ही लोग जानते हैं। स्वामी विवेकानन्द विश्व धर्म महासभा में भारत की ओर से सनातन धर्म का प्रतिनिधित्व करने गए थे। जब वो वहां पहुंचे तो आयोजकों ने उनके नाम के आगे शून्य लिख दिया था। ऐसा इसलिए किया गया क्योंकि कुछ लोग उन्हें परेशान करना चाहते थे। विवेकानन्द जी जब भाषण देने के लिए खड़े हुए तब उनके सामने दो पेड़ों के बीच में एक सफेद कपड़ा बंधा हुआ पाया जिसके बीच में एक ब्लैक डॉट था। स्वामी विवेकानन्द पूरी बात को अच्छे से भांप चुके थे, इसलिए उन्होंने यहां पर अपने भाषण की शुरूआत शून्य से ही की।

आपके इस स्नेहपूर्ण और जोरदार स्वागत से मेरा हृदय अपार हर्ष से भर गया है। मैं आपको दुनिया की सबसे प्राचीन संत परंपरा की तरफ से धन्यवाद देता हूं। मैं आपको सभी धर्मों की जननी की तरफ से धन्यवाद देता हूं और सभी जाति, संप्रदाय के लाखों, करोड़ों हिन्दुओं की तरफ से आपका आभार व्यक्त करता हूं। मेरा धन्यवाद कुछ उन वक्ताओं को भी है जिन्होंने इस मंच से यह कहा कि दुनिया में सहनशीलता का विचार सुदूर पूरब के देशों से फैला है।

मुझे गर्व है कि मैं एक ऐसे धर्म से हूं, जिसने दुनिया को सहनशीलता और सार्वभौमिक स्वीकृति का पाठ पढ़ाया है। हम सिर्फ सार्वभौमिक सहनशीलता में ही विश्वास नहीं रखते, बल्कि हम विश्व के सभी धर्मों को सत्य के रूप में स्वीकार करते हैं। मुझे गर्व है कि मैं एक ऐसे देश से हूं, जिसने इस धरती के सभी देशों और धर्मों के परेशान और सताए गए लोगों

को शरण दी है। मुझे यह बताते हुए गर्व हो रहा है कि हमने अपने हृदय में उन इजराइलियों की पवित्र स्मृतियां संजोकर रखी हैं, जिनके धर्म स्थलों को रोनन हमलावरों ने तोड़-तोड़कर खंडहर बना दिया था और तब उन्होंने दक्षिण भारत में शरण ली थी।

स्वामी जी धाराप्रवाह बोलते रहे और सामने बैठे हजारों लोग बड़े ध्यानपूर्वक उन्हें सुनते रहे। स्वामी जी के इसी भाषण ने दुनियाभर में उन्हें प्रसिद्ध कर दिया था।

'मेरे अमेरिकी भाइयों और बहनों' संबोधन में वह कैसा आकर्षण था, जिसने पूरी दुनिया को एक युवा संन्यासी की ओर गंभीरता से देखने के लिए बाध्य कर दिया? उस संबोधन के बाद सभागार में कई मिनटों तक तालियों की गड़गड़ाहट गूंजती रही, जबकि स्वामी विवेकानन्द को बोलने के लिए कुछ मिनटों का ही समय दिया गया था।

सफल और असफल इंसान में फर्क

एक बार स्वामी विवेकानन्द जी के पास एक आदमी आया और वह स्वामी विवेकानन्द जी से पूछने लगा कि "प्रभु विधाता ने तो सभी को एक जैसा ही बनाया है फिर भी कुछ लोग अमीर, कुछ लोग गरीब, कुछ लोग सफल, कुछ लोग असफल ऐसा क्यों है?"

स्वामी विवेकानन्द जी ने बड़ी विनम्रता से उत्तर दिया कि, "मैं तुम्हें एक कहानी सुनाता हूं, जिससे तुम्हारा यह प्रश्न भी हल हो जाएगा और तुम्हें कोई संदेह नहीं रहेगा।"

ध्यान से सुनो, "ऐसा कहा जाता है कि यह धरती रत्नगर्भा है यहां जन्म लेने के लिए स्वयं देवी देवता भी तरसते हैं।"

एक बार की बात है स्वर्ग में देवी देवताओं की सभा चल रही थी कि, तभी अचानक एक प्रश्न आया कि मनुष्य इतना विकसित कैसे हैं? आखिर मनुष्य के पास ऐसी कौन सी शक्ति है जिससे वह असंभव कार्य को भी संभव कर सकता है! मनुष्य अपने जीवन के इतने बड़े-बड़े लक्ष्यों को आसानी से कैसे हासिल कर सकता है?

सभी देवी-देवता बारी-बारी से अपने अपने विचार इस प्रश्न के उत्तर के रूप में रख रहे थे।

कोई बोल रहा था कि, "समुद्र के नीचे कुछ ऐसा है जो इंसान को प्रेरित करता है। कोई बोल रहा था कि पहाड़ की चोटी पर"

अंत में एक बुद्धिमान ने कहा कि, "मनुष्य के मस्तिष्क में ही ऐसी शक्ति है जिससे वह कठिन से कठिन कार्य असंभव से असंभव कार्य आसानी से कर सकता है। इंसान का दिमाग उसे हर कार्य करने की शक्ति प्रदान करता है। मानव का दिमाग एक बहुत ही अद्भुत चीज है जो इसकी शक्ति पहचान लेता है। वह कुछ भी कर सकता है उसके लिए कुछ भी असंभव नहीं है। इसके विपरीत यदि कोई मनुष्य अपने मस्तिष्क की शक्ति नहीं पहचान पाता है; तो वह जीवन भर प्रयत्न करता रहता है उसे कभी सफलता नहीं मिलती।"

"हर इंसान की विजय और पराजय उसके मस्तिष्क के काम करने की क्षमता पर निर्भर करती है। यह दिमाग ही वह दिव्य शक्ति है जो मनुष्य में सफल तथा असफल का भेद करती है।"

सभी देवी-देवता इस उत्तर से बहुत प्रसन्न हुए।

स्वामी जी ने आगे कहा आप जैसा सोचते हैं आप वैसे ही बन जाते हैं यदि आप खुद को कमजोर मानोगे तो आप कमजोर बन जाओगे और यदि आप खुद को शक्तिशाली मानोगे तो आप शक्तिशाली बन जाओगे! यही फर्क है सफल तथा असफल इंसान में।

तर्क से हुए अभिभूत

एक बार स्वामी विवेकानन्द अमेरिका के एक विश्वविद्यालय में व्याख्यान दे रहे थे। उसमें बड़ी संख्या में छात्र, अध्यापक और विभिन्न विषयों के विद्वान मौजूद थे, जो बड़ी उत्सुकता से स्वामी जी को सुन रहे थे। स्वामी जी के भाषण का मुख्य विषय था- भारतीय संस्कृति तथा अध्यात्म का रहस्य।

स्वामी जी ने कहा कि भारतीय संस्कृति तथा धर्म के सभी तत्वों का वैज्ञानिक महत्व भी है, इसलिए संस्कृति तथा अध्यात्म को वैज्ञानिकता से जोड़ कर देखा जाता है। यह सुनकर एक अमेरिकी व्यक्ति उनके भाषण में दखल देते हुए बीच में उठकर बोला, 'वास्तव में आपकी संस्कृति महान है तभी तो आपके यहां देवी लक्ष्मी का वाहन उल्लू बताया गया है, जिसे दिन में दिखाई भी नहीं देता। अब ज़रा बताइए कि उल्लू को देवी लक्ष्मी का वाहन बताने के पीछे क्या वैज्ञानिक तर्क है?'

उस व्यक्ति का प्रश्न सुनकर स्वामी जी अत्यंत सहजतापूर्वक बोले, 'पश्चिमी देशों की तरह भारत में धन को ही सब कुछ नहीं माना गया है। इसलिए हमारे ऋषि- मुनियों ने

चेतावनी दी है कि लक्ष्मी रूपी धन के असीमित मात्रा में पास आते ही मनुष्य आंखें होते हुए भी उल्लू की तरह अंधा हो जाता है। इसी का संकेत देने के लिए लक्ष्मी का वाहन 'उल्लू' बताया गया है और इसके पीछे यही वैज्ञानिक तर्क है।' स्वामी जी के इस जवाब पर सभी वाह-वाह कर उठे।

इसके बाद स्वामी जी फिर बोले, 'सरस्वती ज्ञान और विज्ञान की प्रतीक है। यह मानव का विवेक जागृत करने वाली देवी है इसलिए सरस्वती का वाहन हंस बताया गया है, जो नीर-क्षीर विवके का प्रतीक है। इसलिए अब आप यह भली भांति समझ गए होंगे कि संस्कृति व धर्म के सभी तत्वों के पीछे वैज्ञानिक तर्क छिपे हुए हैं।'

वहां उपस्थित सभी लोगों के साथ ही वह व्यक्ति भी देवी-देवताओं के वाहनों की यह अवधारणा सुनकर स्वामी जी के प्रति नतमस्तक हो गया और उस दिन से भारतीय संस्कृति का प्रशंसक बन गया।

▣▣▣

पहले स्वदेश प्रेम फिर विश्व प्रेम

एक बार की बात है स्वामी विवेकानन्द जी भाषण दे रहे थे।

तभी एक व्यक्तिने आकर के उनसे पूछा कि, "आप तो भाषण स्वदेश की बात करते हैं, क्या आपका एक सन्यासी होने पर यह करना सही है। सन्यासी को हमेशा विश्व के बारे मे सोचना चाहिये।"

स्वामी विवेकानन्द जी ने उत्तर दिया, "जो अपने देश की रक्षा करने मे असफल है वो भला विश्व की सेवा कैसे कर सकता है विश्व प्रेम से कही पहले देशप्रेम है।"

▣▣▣

धर्म का सार

यह उन दिनों की बात है, जब स्वामी विवेकानन्द अमेरिका में थे। वहां कई महत्वपूर्ण जगहों पर उन्होंने व्याख्यान दिए। उनके व्याख्यानों का वहां जबर्दस्त असर हुआ। लोग स्वामी जी को सुनने और उनसे धर्म के विषय में अधिक अधिक से जानने को उत्सुक हो उठे। उनके धर्म संबंधी विचारों से प्रभावित होकर एक दिन एक अमेरिकी

प्रोफेसर उनके पास पहुंचे। उन्होंने स्वामी जी को प्रणाम कर कहा, 'स्वामी जी, आप मुझे अपने हिंदू धर्म में दीक्षित करने की कृपा करें।'

इस पर स्वामी जी बोले, 'मैं यहां धर्म प्रचार के लिए आया हूं न कि धर्म परिवर्तन के लिए। मैं अमेरिकी धर्म-प्रचारकों को यह संदेश देने आया हूं कि वे धर्म परिवर्तन के अभियान को बंद कर प्रत्येक धर्म के लोगों को बेहतर इंसान बनाने का प्रयास करें। यही धर्म की सार्थकता है। यही सभी धर्मों का मकसद भी है। हिंदू संस्कृति विश्व बंधुत्व का संदेश देती है, मानवता को सबसे बड़ा धर्म मानती है।' वह प्रोफेसर उनकी बातों से अभिभूत हो गए और बोले, 'स्वामी जी, कृपया इस बारे में और विस्तार से कहिए।'

प्रोफेसर की यह बात सुनकर स्वामी जी ने कहा, 'महाशय, इस पृथ्वी पर सबसे पहले मानव का आगमन हुआ था। उस समय कहीं कोई धर्म, जाति या भाषा न थी। मानव ने अपनी सुविधानुसार अपनी-अपनी भाषाओं, धर्म तथा जाति का निर्माण किया और अपने मुख्य उद्देश्य से भटक गया। यही कारण है कि समाज में तरह-तरह की विसंगतियां आ गई हैं। लोग आपस में विभाजित नजर आते हैं। इसलिए मैं तुम्हें यह कहना चाहता हूं कि तुम अपना धर्म पालन करते हुए अच्छे ईसाई बनो। हर धर्म का सार मानवता के गुणों को विकसित करने में है इसलिए तुम भारत के ऋषियों-मुनियों के शाश्वत संदेशों का लाभ उठाओ और उन्हें अपने जीवन में उतारो।'

वह प्रोफेसर मंत्रमुग्ध यह सब सुन रहे थे। स्वामी जी के प्रति उनकी आस्था और बढ़ गई।

सफलता का रहस्य

एक बार एक नौजवान लड़का स्वामी विवेकानन्द जी के पास आया और उनसे पूछा की स्वामीजी सफलता का रहस्य क्या है। तो स्वामी जी ने उस लड़के से कहा तुम मुझे कल सुबह मिलो।

अगले दिन जब वह नौजवान स्वामी जी से मिला तो स्वामी जी उसे अपने साथ एक नदी की ओर ले गए। वह तब तक नदी की और बढ़ते गए जब तक पानी उनकी कमर तक पहुंच गया और फिर अचानक स्वामीजी ने उस नौजवान की गर्दन को पकड़ कर उसे पानी में डुबो दिया।

लड़का बाहर निकलने के लिए तड़पने लगा और जोर-जोर से हांफने लगा। लेकिन स्वामीजी ताकतवर थे उन्होंने उस लड़के को तब तक पानी में डुबोए रखा जब तक कि उसका शरीर नीला ना पड़ गया। फिर कुछ देर बाद स्वामीजी ने उसे बाहर निकाल दिया और उससे पूछा कि, जब तुम पानी के अंदर थे तो क्या चाहते थे।

उस लड़के ने कहा, जब मैं पानी के अंदर था तो सबसे मैं सांस लेना चाहता था और जीवित रहना चाहता था।

स्वामी जी ने उससे कहा यही सफलता का रहस्य है। जब तुम सफलता को उतनी ही बुरी तरह चाहोगे जितना तुम सांस लेना और जीवित रहना चाहते थे तो सफलता तुम्हें मिल जाएगी। इसके अलावा सफलता का कोई रहस्य नहीं है।

गाय जानवर नहीं माता है

एक बार यूरोप में एक शख्स ने एक भारतीय से पूछा कि आप किस जानवर के दूध को सबसे अच्छा मनाते है तो भारतीय ने उत्तर दिया 'भैंस'।

तब उस यूरोपीय ने कहा कि आप लोग तो गाय के दूध को अमृत मानते है"।

तब, उस भारतीय ने जवाब दिया कि आपने जानवर के बारे में पूछा था, गाय जानवर नहीं माता है। यह भारतीय कोई और नहीं, बल्कि स्वामी विवेकानन्द थे।

सांप से नहीं डरे विवेकानन्द

यह किस्सा स्वामी विवेकानन्द के बाल्यकाल है।

स्वामी विवेकानन्द को बचपन में किसी ने बताया था कि ध्यान लगाने से ईश्वर की प्राप्ति होती है। एक बार जब वह पूजागृह में अपने हमजोलियों के साथ ध्यानमग्न थे, एक साथी ने कमरे में भयानक सर्प देखा। उसने दूसरे साथियों को बताया। इस प्रकार सभी साथी जान बचाकर बाहर भागे, पर नरेन्द्र अविचल रहा। घरवालों को पता लगा तो वे भी दौड़े आये। उन्होंने भी नरेन्द्र को पुकार-पुकारकर सर्प की बात बतायी, पर नरेन्द्र ज्यों का त्यों ध्यानमग्न बैठा रहा। उधर सर्प भी भयानक फन ताने पास बैठा रहा। घर के लोग इस

विस्मयजनक और भयप्रद दृश्य को देखकर चिन्तित थे। थोड़ी देर बाद सांप अपने-आप चला गया। उधर नरेन्द्र का ध्यान जब टूटा तो घरवालों से सांप की बात सुनकर नरेन्द्र ने कहा, मुझे तो कुछ पता नहीं, मैंने तो किसी की आवाज सुनी नहीं।

वास्तव में बचपन से ही नरेन्द्र को जानवरों से प्रेम था। उन्हें यह विश्वास था कि यदि जानवरों के साथ प्रेम किया जाए तो वे हमें कोई नुकसान नहीं पहुंचाएंगे। उनके इसी प्रेमभाव के कारण वह सांप उन्हें कोई नुकसान नहीं पहुंचा पाया।

इस घटना के बाद से नरेन्द्र का ध्यान के प्रति उनका रूझान बढ़ता गया।

माता-पिता का ऋणी नरेन

स्वामी विवेकानन्द जी को उनके माता-पिता ने भगवान शिव का प्रसाद समझा और उनका नाम वीरेश्वर रख दिया। किंतु परिवार ने उन्हें नरेन्द्र नाथ दत्त नाम दिया। यार दोस्तों में वह नरेन्द्र नाम से जाने जाते थे और लाड़-दुलार में नरेन नाम से पुकारा जाता था। कोलकाता के जिस दत्त वंश में नरेन्द्र नाथ का जन्म हुआ था, वह अपनी समृद्धि, सौहार्द, उदारता एवं स्वाधीन विचारधारा के लिए काफी विख्यात था। नरेन का बचपन भी बड़े ही लाड-दुलार एवं प्यार से बीता। किंतु वे बचपन से ही उदार होने के साथ-साथ बड़े ही चंचल स्वभाव के भी थे। उनके इस चंचल स्वभाव के चलते ही माता-पिता दोनों ही उन पर एक पैनी नजर भी रखते थे। उन को नियंत्रण में रखने के लिए उनके पिता का अपना ही एक अलग तरीका था। इसी कारण अपने इन शुरूआती वर्षों में नरेन ने अपने प्रतिभावान पिता एवं महामना माताजी से काफी कुछ ग्रहण किया।

एक बार जब बालक ने नाराज होकर अपनी मां को कुछ कठोर अपशब्द कहे तो इसकी शिकायत पिता के पास भी पहुंची। विश्वनाथ ने पुत्र को डांटने के बजाए उनके दरवाजे पर कोयले से लिख दिया की ..."नरेन बाबू ने आज अपनी माता को कहा......।" इसके साथ ही वे नरेन्द्र के उन शब्दों को भी जोड़ देते थे जो वह अपनी माता जी को कहते थे। उनका उद्देश्य था कि नरेन के साथी यह जाने की उन्होंने आज अपनी माता जी के साथ कैसा व्यवहार किया... अच्छा या बुरा??

एक बार नरेन ने अपने पिता से पूछा... "मुझे जगत में कैसे रहना उचित है?" और "पिता का उत्तर था ...कभी किसी भी बात पर विस्मित ना होना।" यह बहुमूल्य परामर्श

नरेन के भावी उतार-चढ़ावपूर्ण जीवन में काफी उपयोगी सिद्ध हुआ। इस सुझाव की सहायता से वे राजाओं के महल तथा भिखारियों की झोपड़ी में सर्वत्र ही अपने मन का संतुलन बनाये रख पाने में सक्षम हो सके थे।

माता भुवनेश्वरी देवी ने भी नरेन्द्र में निहित सद्गुणों की अभिव्यक्ति में बड़ी सहायता की।

एक दिन जब नरेन्द्र ने घर लौट कर उनसे बताया कि विद्यालय में उनके साथ अन्याय पूर्ण व्यवहार हुआ है, तो उन्होंने बालक को दिलासा देते हुए कहा था - 'बेटा, तेरी गलती नहीं थी तो भी कोई परवाह नहीं। फल की ओर ध्यान दिए बिना तू सदा सत्य का पालन किए जाना। सत्य निष्ठा के फलस्वरुप संभव है तुझे कभी-कभी अन्याय तथा कटु परिणाम सहन करना पड़े, परंतु किसी भी परिस्थिति में तू सत्य को ना छोड़ना।'

वर्षों बाद एक बार नरेन्द्र ने स्वाभिमान पूर्वक अपने श्रोताओं को बताया था -"अपने ज्ञान के विकास के लिए मैं अपने माता और पिता का सदा ऋणी हूं और रहूंगा।"

असाधारण विवेकानन्द की साधारणता

बहुत कम लोग जानते हैं कि शिकागो में हुए विश्व धर्म सम्मेलन में वे कुछ हफ्तों पहले पहुंच गए थे। उत्तर-पश्चिमी अमेरिका की ठंड सहन करने के लिए स्वामी जी के पास न पर्याप्त कपड़े थे और न ही यथा-योग्य ठहरने लायक पैसे। उन दिनों शिकागो में उन्होंने न सिर्फ भिक्षा मांग कर अपने लिए भोजन जुटाया, बल्कि यार्ड में खड़ी मालगाड़ी में रात भी गुजारी।

स्वामीजी संन्यासी होने पर भी रूढ़ियों के गुलाम नहीं थे और उद्देश्य की सिद्धि के लिए इस प्रकार के बाह्य परिवर्तन में उनको कुछ भी एतराज न था। पर कठिनाई यह थी कि अब उनके पास अधिक रुपया नहीं बचा था। इससे वे धैर्यपूर्वक कठिनाइयों को सहन करके दिन बिताने लगे। इतने में स्त्रियों की एक संस्था ने उनको अपने यहां व्याख्यान देने के लिए आमंत्रित किया। उस भाषण से जो आय हुई, उनसे स्वामीजी के लिए अमरीकन पोशाक बन गई और तब से उन्होंने गेरुआ वस्त्रों को केवल भाषण के समय के लिए रख दिया। फिर भी उनकी कठिनाइयों का अंत न हुआ और शिकागो वापस आने पर एक दिन उनको स्टेशन के बाहर पड़ी खाली पेटी के भीतर सारी रात काटनी पड़ी। फिर भी

उनका धैर्य सहायक बना रहा और सब तरह की बाधाओं को पार करके वे 'धर्म सभा' के अधिवेशन में प्रतिनिधि रूप में सम्मिलित होने में सफल हो गए।

असाधारण होने के बावजूद साधारण लोगों की तरह जीवन-यापन करने वाले स्वामी जी के इसी भाव ने पूरी दुनिया को उनसे जोड़ दिया। ऐसे संन्यासी जिन्हें जगत विवेकानन्द के नाम से जानता है, लेकिन परिजन उन्हें वीरेश्वर, नरेन्द्र नाथ अथवा नरेन कहकर पुकारते थे।

व्यावहारिक व्यक्तित्व

बालक नरेन बचपन में चंचल, खोजपरक और तर्क प्रस्तुत करने में माहिर थे।

प्रसंग है कि उनके घर निरंतर भिन्न-भिन्न जाति-धर्म के लोगों का आना-जाना लगा रहता था। इसलिए आगंतुकों के लिए घर के दालान में हुक्के की अलग-अलग व्यवस्था की जाती थी।

नरेन को इस पृथकता के प्रति जिज्ञासा रहती थी। इसलिए उन्होंने स्वयं पर प्रयोग किया। सभी हुक्कों को बारी-बारी से ग्रहण करने के बाद उन्होंने स्वयं के भीतर हुए परिवर्तन को जानना चाहा। अंत में उन्होंने यह निष्कर्ष निकाला कि सभी मनुष्य समान हैं और जातियां निरर्थक। स्वयं संन्यासी हो जाने के बावजूद विवेकानन्द ने किसी तरह की मानसिक जकड़न को स्वयं पर कभी हावी नहीं होने दिया।

उनके लिए धर्म की व्याख्या कितनी तर्किक और वैज्ञानिक है, यह इसी से स्पष्ट होता है जब वे कहते हैं -पहले रोटी बाद में धर्म। वे स्वयं बहुत व्यावहारिक थे, इसलिए लोगों को भी कार्य के सभी क्षेत्रों में व्यावहारिक बनने की बात कहते। वे मानते थे कि सिद्धांतों के ढेर ने देश को पीछे कर दिया है।

स्वास्थ्य सर्वोपरि

एक प्रसंग के अनुसार एक दिन एक युवक स्वामी विवेकानन्द के पास आया। उसने कहा- मैं आपसे गीता पढ़ना चाहता हूं। स्वामीजी ने युवक को ध्यान से देखा और कहा- पहले छ: माह प्रतिदिन फुटबॉल खेलो,फिर आओ, तब मैं गीता पढ़ाऊंगा। युवक आश्चर्य में पड़ गया। गीताजी जैसे पवित्र ग्रंथ के अध्ययन के बीच में यह फुटबॉल कहां से आ गया? इसका क्या काम? स्वामीजी उसको देख रहे थे।

उसकी चकित अवस्था को देख स्वामीजी ने समझाया- बेटा! भगवद्गीता वीरों का शास्त्र है। एक सेनानी द्वारा एक महारथी को दिया गया दिव्य उपदेश है। अत: पहले शरीर का बल बढ़ाओ। शरीर स्वस्थ होगा तो समझ भी परिष्कृत होगी। गीताजी जैसा कठिन विषय आसानी से समझ सकोगे।

जो शरीर को स्वस्थ नहीं रखता, सशक्त-सजग नहीं रख सकता अर्थात् जो शरीर को नहीं संभाल पाया, वह गीताजी के विचारों को, अध्यात्म को कैसे संभाल सकेगा। उसे पचाने के लिए स्वस्थ शरीर और स्वस्थ मन ही चाहिए। गीता के अध्यात्म को अपने जीवन में कैसे उतार पाएगा?

स्वामी विवेकानन्द ने ईश्वर तत्व की बहुत सरल व्याख्या की है। वे मानते थे कि सभी इंसानों में ईश्वर का वास होता है। उन्होंने कहा, 'मैंने ईश्वर को ऐसे साक्षात देखा है, जैसा कि तुम्हें देख रहा हूं।' उन्होंने मानवता के कार्यों को ही ईश्वर प्रार्थना माना। वे मानते थे कि ईश्वर भक्त के साथ-साथ व्यक्ति को राष्ट्रभक्त भी होना चाहिए। इसके लिए व्यक्ति का स्वस्थ होना बेहद जरूरी है।

इसी कड़ी से जुड़ा एक और प्रसंग मिलता है। एक संन्यासी मानसिक रूप से अशांत था। समाधान के लिए वह विवेकानन्द के पास गया। स्वामीजी ने जो उपाय बताया वह सभी के लिए प्रेरक है। उन्होंने कहा, 'दुखियों और दुर्बलों की सेवा करो। मन की शांति का यही उपाय है और सच्चा धर्म भी।' वे स्वयं भी दीन-दुखियों की सेवा के लिए हमेशा तत्पर रहते।

जब खिचड़ी के लिये दरवाज़े पर चढ़े विवेकानन्द

अपनी मृत्यु से दो साल पहले सन् 1900 में स्वामी विवेकानन्द विदेश से भारत आ गए।

स्वामी विवेकानन्द अपने शिष्यों के साथ सीधा बेलूर मठ गए। वहां पता चला कि मठ में रात के खाने में उनकी मनपसन्द खिचड़ी बनी है। उनके रास्ते में एक बन्द दरवाज़ा मिला। विवेकानन्द सीधा दरवाज़े पर चढ़े और छलांग लगाकर पार कर गए।

इसी कड़ी में एक रोचक प्रसंग है।

स्वामी विवेकानन्द से मिलने बाल गंगाधर तिलक उनके पास बेलूर मठ आए। स्वामी विवेकानन्द ने उनसे चाय बनाने का आग्रह किया। बाल गंगाधर तिलक ने दूध, चाय पत्ती और शक्कर लेकर सभी के लिये मुगलई चाय बनाई।

जब अंग्रेज़ों की गधों से तुलना की

स्वामी विवेकानन्द से किसी ने भारतीयों की एकता पर सवाल किया, "भारत में हर रंग के लोग पाए जाते हैं। काले, गोरे, भूरे, लाल, फिर भी आप सबमें एकता है।"

स्वामी जी ने जवाब दिया, "घोड़े कितने रंग के होते हैं, काले, सफेद, भूरे हर रंग के फिर भी सब साथ रहते हैं। इसके विपरीत गधे केवल एक रंग के होते हैं, फिर भी सब अलग अलग रहते हैं।"

स्वामी विवेकानन्द ने अंग्रेज़ों को गधा नहीं कहा, लेकिन बात सब तक पहुंच गई।

अपनी मौत की भविष्यवाणी की

स्वामी विवेकानन्द को अपनी मृत्यु का पता था।

जॉन पी फॉक्स को एक पत्र लिखते वक्त स्वामी विवेकानन्द कहते हैं कि, "मुझे साहस और उत्साह पसन्द है। मेरे समाज को इसकी बहुत ज़रूरत है। मेरा स्वास्थ्य कमज़ोर

हो रहा है और बहुत समय तक मुझे ज़िन्दा बचने की उम्मीद नहीं है।"

स्वामी विवेकानन्द को पता था कि उनकी मृत्यु कब होगी। उनकी चेतना समय के साथ बढ़ती जा रही थी। इस बढ़ती चेतना को शरीर का संभाल पाना संभव नहीं था। विवेकानन्द कहते थे कि एक वक्त ऐसा आएगा जब मेरी चेतना अनन्त तक फैल जाएगी। उस वक्त मेरा शरीर इसे संभाल नहीं पाएगा और मेरी मृत्यु हो जाएगी।

इसी कड़ी में एक प्रसंग और पढ़ने में आता है।

देह त्याग से एक सप्ताह पूर्व स्वामीजी ने स्वामी शुद्धानन्दजी को एक पंचांग लाने के लिए कहा। उन्होंने पंचांग को देखा और रख दिया। उनके मुख का भाव देखकर ऐसा लगता जैसे कोई मुर्हूत देख रहे हैं। देह-त्याग से तीन दिन पूर्व स्वामीजी मठ के मैदान में घूमते रहे। सम्प्रति जिस स्थान पर उनका समाधि-मन्दिर बना है, उसे तर्जनी से दिखाते हुए उन्होंने कहा था, "मेरा देहान्त होने पर उस स्थान पर मेरा अन्तिम संस्कार करना।" किसी से कुछ पूछते नहीं बना। सुनकर सब मौन रह गये।

4 जुलाई, 1902 शनि अमावस्या की रात को स्वामी जी ने देह त्याग किया था।

स्वामी विवेकानन्द को थे इतने रोग स्वामी विवेकानन्द अपनी 39 वर्षीय उम्र में इतने पीड़ित थे, जिसका कोई हिसाब नहीं था। स्वामी विवेकानन्द को उस वक्त गले में दर्द, किडनी में समस्या, दिल में समस्या, दायीं आंख लाल होना, डायबिटीज़, माइग्रेन, टॉन्सिलटिस, अस्थमा, मलेरिया, बुखार, लिवर में समस्या, अपच, गैस्ट्रोएन्टेरिटिस, ब्लोटिंग, डायरिया, डिस्पेप्सिया, गॉल्सटोन जैसी 30 बड़ी गम्भीर बीमारियां हुईं। इसके बाद भी इस वक्त में स्वामी विवेकानन्द दैनिक काम किया करते थे।

दिमाग तेज करने का असरदार तरीका

स्वामी विवेकानन्द अपनी विलक्षण बुद्धि एवं स्मरण शक्ति के लिए विख्यात थे।

वे सैकड़ों पन्नों की किताबें कुछ ही घंटों में पढ़ लिया करते थे। यह सही है कि स्वामी विवेकानन्द की बुद्धि बचपन से ही अन्य बच्चों की तुलना में प्राकृतिक रुप से अधिक कुशाग्र थी लेकिन अपने मस्तिष्क को अधिक कुशाग्र बनाने के लिए विवेकानन्द ने अभ्यास भी किया था। स्वामी विवेकानन्द ने अपने विलक्षण मस्तिष्क का राज बताया

है। उनके अनुसार कोई भी व्यक्ति इसका पालन करेगा तो वह अपनी सीखने की क्षमता को बढ़ा सकता है. स्वामी जी के अनुसार ध्यान और ब्रह्मचर्य का पालन कर हम अपने मस्तिष्क की क्षमता को बढ़ा सकते हैं।

हमारा मस्तिष्क जितना एकाग्र रहेगा हम उतना ही जल्दी किसी भी चीज को याद कर सकते हैं। एकाग्र मस्तिष्क के लिए यह भी जरूरी है कि हम अपने इंद्रियों पर नियंत्रण रखें। ध्यान की महत्ता का उल्लेख करते हुए स्वामी विवेकानन्द ने एक बार कहा था कि, अगर उन्हें बचपन में ही किसी ने ध्यान के बारे में बताया होता तो वे सैकड़ों किताबों को पढ़ने के बजाए सिर्फ ध्यान करते।

विवेकानन्द जी ने ब्रह्मचर्य को भी याद्दाश्त मजबूत करने में सहायक माना है। उनके अनुसार अगर कोई सख्ती से ब्रह्मचर्य का पालन करता है तो वे किसी चीज को एक बार पढ़कर या सुनकर याद रख सकता है। लेकिन यह ध्यान रखना जरूरी है कि स्वामी विवेकानन्द के ब्रह्मचर्य का अर्थ सिर्फ अपने आप को शारीरिक रूप से काम से दूर रखना नहीं है। अगर आपका मस्तिष्क काम में लिप्त है और आप खुद पर जबरदस्ती ब्रह्मचर्य थोप रहें हैं तो इससे फायदे से अधिक नुकसान होने की संभावना है। अगर आप ब्रह्मचर्य का पालन करना चाहते हैं तो जरूरी है कि आप पहले ध्यान का अभ्यास कर अपने इंद्रियों को नियंत्रण में कर लें।

कुएं का मेंढक...

एक कुएं में बहुत समय से एक मेंढक रहता था। वह वहीं पैदा हुआ था और वहीं उसका पालन-पोषण हुआ। धीरे-धीरे यह मेंढक उसी कुएं में रहते-रहते मोटा और चिकना हो गया। अब एक दिन एक दूसरा मेंढक, जो समुद्र में रहता था, वहां आया और कुएं में गिर पड़ा।

कुएं के मेंढक ने पूछा- 'तुम कहां से आए हो?'

इस पर समुद्र से आया मेंढक बोला- मैं समुद्र से आया हूं। समुद्र! भला वह कितना बड़ा है? क्या वह भी इतना ही बड़ा है, जितना मेरा यह कुआं? और यह कहते हुए उसने कुएं में एक किनारे से दूसरे किनारे तक छलांग मारी।

समुद्र वाले मेंढक ने कहा- मेरे मित्र! भला, समुद्र की तुलना इस छोटे से कुएं से

किस प्रकार कर सकते हो?

तब उस कुएं वाले मेंढक ने दूसरी छलांग मारी और पूछा- तो क्या तुम्हारा समुद्र इतना बड़ा है?

समुद्र वाले मेंढक ने कहा- तुम कैसी बेवकूफी की बात कर रहे हो! समुद्र की तुलना तुम्हारे कुएं से कैसे हो सकती हैं?

अब तो कुएं वाले मेंढक ने कहा- 'जा... जा! मेरे कुएं से बढ़कर और कुछ हो ही नहीं सकता। संसार में इससे बड़ा और कुछ नहीं है! झूठा कहीं का? अरे, इसे बाहर निकाल दो।'

मन की स्थिति

स्वामी विवेकानन्द एक बार अपने एक शिष्य के साथ आश्रम जा रहे थे। जंगल में बहुत देर चलने के बाद एक पेड़ के नीचे बैठ गए और उन्हें जोर की प्यास लगी। शिष्य पास की पहाड़ी पर झरने का पानी लेने गया, लेकिन झरने से अभी-अभी कुछ हिरण दौड़कर निकले थे जिससे झरने का पानी गंदा हो गया था। हिरणों की भाग-दौड़ से झरने के पानी में कीचड़ ही कीचड़ हो गयी थी। गंदा पानी देखकर शिष्य पानी बिना लिए वापस आ गया।

उसने स्वामी विवेकानन्द से कहा कि झरने का पानी साफ नहीं है, मैं फिर से पीछे वाली नदी से पानी ले आता हूं। लेकिन नदी बहुत ज्यादा दूर थी इसलिए स्वामी विवेकानन्द ने उसे फिर से झरने का पानी ही लाने के लिए लौटा दिया। शिष्य थोड़ी देर बाद फिर खाली हाथ ही लौट आया। पानी अभी भी गंदा था पर स्वामी विवेकानन्द ने उसे इस बार भी वापस लौटा दिया। कुछ देर बार जब तीसरी बार शिष्य झरने पर पहुंचा, तो देखा कि झरना अब पूरा निर्मल और शांत हो गया था, कीचड़ बैठ गयी थी और पानी बिलकुल साफ हो गया था।

स्वामी विवेकानन्द ने उसे समझाया कि यही स्थिति हमारे मन की भी है। जीवन की दौड़-भाग वाली जिन्दगी कि परेशानी मन को परेशान हताश और निराश कर देती है। पर यदि कोई शांति और आराम से उसे बैठा देखता और समझता है, तो परेशानी अपने आप खत्म या कम हो जाता है और उसका हल हो जाता है।

माइक आगे होता है, और मुख पीछे

एक बार स्वामी विवेकानन्द जी किसी स्थान पर प्रवचन दे रहे थे। श्रोताओ के बीच एक मंजा हुआ चित्रकार भी बैठा था। उसे व्याख्यान देते स्वामी जी अत्यंत ओजस्वी लगे। इतने कि वह अपनी डायरी के एक पृष्ठ पर उनका रेखाचित्र बनाने लगा।

प्रवचन समाप्त होते ही उसने वह चित्र स्वामी विवेकानन्द जी को दिखाया। चित्र देखते ही, स्वामी जी हतप्रभ रह गए।

पूछ बैठे -'यह मंच पर ठीक मेरे सिर के पीछे तुमने जो चेहरा बनाया है , जानते हो यह किसका है ? चित्रकार बोल - 'नहीं तो .... पर पूरे व्याख्यान के दौरान मुझे यह चेहरा ठीक आपके पीछे झिलमिलाता दिखाई देता रहा।

यह सुनते ही विवेकानन्द जी भावुक हो उठे। रुंधे कंठ से बोले, "'धन्य है तुम्हारी आंखें ! तुमने आज साक्षात मेरे गुरुदेव श्री रामकृष्ण परमहंस जी के दर्शन किए ! यह चेहरा मेरे गुरुदेव का ही है, जो हमेशा दिव्य रूप में, हर प्रवचन में, मेरे अंग संग रहते है .... मैं नहीं बोलता, ये ही बोलते है। मेरी क्या हस्ती, जो कुछ कह-सुना पाऊं ! बांट रहे हैं। वैसे भी देखो न, माइक आगे होता है और मुख पीछे। ठीक यही अलौकिक दृश्य इस चित्र में है। मैं आगे हूं और वास्तविक वक्ता - मेरे गुरुदेव पीछे !"

गुरु शिष्यों में युगों युगों से यही रहस्यमयी लीला होती आ रही है।

अपने गुरु पर पूर्ण विश्वास रखे वे सदैव हमारे साथ है।

स्त्रियों से दूर रहो

एक बार एक समाज सुधारक विवेकानन्द के पास गया और बोला, 'यह बहुत अच्छी बात है कि आप स्त्रियों की भी बेहतरी चाहते हैं। मुझे क्या करना चाहिए? मैं उनकी हालत सुधारना चाहता हूं। मैं इसमें मदद करना चाहता हूं।'

तो स्वामी विवेकानन्द ने कहा, 'उनसे दूर रहो। तुम्हें उनके लिए कुछ करने की जरूरत नहीं है। बस उन्हें अकेला छोड़ दो। उन्हें जो करना होगा, वे कर लेंगी।' बस यही जरूरी है।

किसी पुरुष को स्त्री की स्थिति सुधारने की जरूरत नहीं है। अगर वह सिर्फ उसे मौका

दे, तो वह अपने लिए जरूरी चीजें कर लेगी।

स्वामी जी के विचार सुनकर समाज सुधारक को जीवन देखने की नयी दृष्टि तो प्राप्त हुई ही, वहीं स्त्रियों के प्रति उसकी धारणा में बदलाव आया।

ऐसे मिला विवेकानन्द का नाम

स्वामीजी संपूर्ण देश का भ्रमण करके और यहां के छोटे- बड़े सैकड़ों प्रसिद्ध व्यक्तियों से वार्तालाप करके इसी निश्चय पर पहुंचे कि एक बार देश से बाहर जाकर हिंदू धर्म के उच्च सिद्धांतों का प्रचार किया जाए जिससे एक ओर तो विदेशों के अध्यात्म प्रेमी व्यक्ति भारतवर्ष की तरफ आकर्षित हों और दूसरी ओर जो हमारे शिक्षित देश-बंधु विदेशी सभ्यता से चकाचौंध होकर अपनी प्राचीन संस्कृति से विमुख हो जाते हैं, उनकी भी आंखें खुलें। इसी अवसर पर मद्रास में उनको यह सूचना मिली कि अमरीका के शिकागो नगर में एक 'सर्व धर्मसभा' होने वाली है और उसमें अभी तक सनातन हिंदू धर्म की ओर से कोई प्रतिनिधि नहीं गया। स्वामीजी को अपनी अंतरात्मा से यह प्रेरणा हुई कि इस अवसर पर उनको अन्य धर्म वालों के समक्ष हिंदू धर्म के झंडे को ऊंचा करना चाहिए। उनके सभी मित्रों और शुभचिंतकों ने भी इस मत का समर्थन किया और 31 मई 1893 को विदेश जाने का निश्चय हो गया।

जिस समय स्वामीजी यात्रा के लिए धन की व्यवस्था पर विचार कर रहे थे उसी समय खेतड़ी के दीवान जगमोहनलाल उनकी सेवा में उपस्थित हुए। उन्होंने कहा कि ''आपने दो वर्ष पहले राजा साहब को पुत्र होने का आशीर्वाद दिया था, वह सफल हो गया है और उस आनन्दोत्सव में महाराज ने आपसे पधारने की प्रार्थना की है।'' स्वामीजी खेतड़ी पहुँचे और नवजात शिशु को आशीर्वाद देकर चल दिए। खेतड़ी नरेश ने अपने दीवान को भी उनके साथ भेजा और यात्रा का पूरा प्रबंध और मार्ग व्यय आदि की व्यवस्था करने की ताकीद कर दी।

खेतड़ी नरेश स्वामीजी को विदा करने जयपुर स्टेशन तक आए। चलते- चलते उन्होंने पूछा- ''आप अमरीका पहुंचकर किस नाम से प्रचार-कार्य करेंगे?''

स्वामीजी ने उत्तर दिया कि- ''अभी तक तो मैंने कोई पक्का नाम रखा नहीं है। कभी सच्चिदानंद, कभी अन्य कोई नाम रखकर फिरता रहा हूं।''

उसी समय राजा साहब ने कहा- ''स्वामीजी! आपको 'विवेकानन्द' नाम कैसा लगता है?'' उस दिन से ही परमहंस देव के शिष्य 'नरेन्द्र' स्वामी विवेकानन्द के ही नाम से प्रसिद्ध हुए।

भविष्यवाणी

यह घटना सन् 1877 की है, जब नरेन्द्र अपने पिता के पास रायपुर चले आए थे, इस समय नरेन्द्र पेट की बीमारी से पीड़ित थे।

उन दिनों रायपुर में कोई शिक्षा सदन नहीं था, जिस कारण विश्वनाथ स्वयं अपने पुत्र को पढ़ाते थे। वहां रहकर नरेन्द्र के स्वास्थ्य में सुधार हुआ। विश्वनाथ उन दिनों अवकाश पर थे, अत: अपने पुत्र को पूरा समय दे पाते थे। पाठ्य पुस्तकों के अतिरिक्त नरेन्द्र ने इतिहास, दर्शन तथा साहित्य संबंधी पुस्तकों को भी पढ़ना शुरू कर दिया था। उनकी स्मरण शक्ति तो तीव्र थी ही, उन्होंने शीघ्र ही बंगला साहित्य भी पढ़ लिया था। विश्वनाथ अपने पुत्र की इस विशेषता पर बड़े अचम्भित होते थे।

उनके घर नित्य रायपुर के ज्ञानी-गुनी व्यक्तियों का तांता लगा रहता था, जिनके साथ विश्वनाथ साहित्य, दर्शन आदि विभिन्न विषयों पर चर्चा करते रहते थे। उस समय अधिकांशत: नरेन्द्र भी पिता के साथ उपस्थित रहते थे और वाद-विवाद ध्यान से सुनते थे। कभी-कभी पिता के प्रोत्साहन पर नरेन्द्र भी इन चर्चाओं में भाग लेते थे, उनके विचार सुनकर उपस्थितजन मुग्ध हो उठते थे।

विश्वनाथ के एक मित्र बंग साहित्य के प्रसिद्ध लेखक थे। एक दिन वे साहित्य पर वाद-विवाद करने लगे, तो उन्होंने नरेन्द्र को भी इस चर्चा में बुला लिया। नरेन्द्र ने जब बंग साहित्य पर उनसे चर्चा आरंभ की और प्रसिद्ध लेखकों की तर्क संगत आलोचना की तो वे चकित रह गए और बोले, 'तुम अवश्य ही बंग भाषा को गौरावान्वित करोगे।'

उनकी यह भविष्यवाणी आगे चलकर सत्य सिद्ध हुई।

साहसी नरेन्द्र

नरेन्द्र में नेतृत्व के गुण जन्मजात थे। वे त्याग को सबसे बड़ा गुण मानते थे। जब वे छ: वर्ष के थे तो एक रिशतेदार के साथ मेला देखने गए। उनके साथ एक छोटा बच्चा भी था। वह नरेन्द्र से भी छोटा था।

मेला देखकर वे लौट रहे थे। बच्चा पीछे छूट गया था। मुड़कर पीछे देखा तो वह सड़क के बीचों-बीच खड़ा था। एक घोड़ा बग्घी उस की ओर तेजी से आ रही थी। बच्चा डर से भयभीत था। भय के कारण हिल-डुल नहीं पा रहा था। बग्घी उसे कुचलने ही वाली थी कि नरेन्द्र उस पर झपट पड़ा। अपने प्राणों की परवाह किए बिना। चारों ओर भीड़ जमा हो गई। लोग नरेन्द्र की प्रशंस कर रहे थे।

वापस आने पर उस रिशतेदार ने सारी घटना नरेन्द्र की मां को बतलायी। मां भुवनेश्वरी पूरा घटना सुनकर रो पड़ी, किन्तु नरेन्द्र से कहा, "बेटा सदैव ऐसे ही साहस का काम करना। कभी कायर मत बनना।"

शिक्षक का कोप

नरेन्द्र बहुत ही निर्भीक तथा दृढ़ संकल्प वाला बालक था। उनकी इच्छा के विरूद्ध उनसे कार्य करवाना मानो लोहे के चने चबाने जैसा था। यह घटना उसी समय की है।

नरेन्द्र जिस विद्यालय में पढ़ते थे, उस विद्यालय के एक शिक्षक बड़े क्रोधी थे। आवश्यकता महसूस करते ही वे छात्रों को कठोर शारीरिक दण्ड दिया करते। एक दिन शिक्षक एक बालक को उसे उदण्ड व्यवहार के लिए पीट रहे थे, तब उनकी इस अकारण उन्मत्तता, विकट मुख भंगिमा आदि देखकर नरेन्द्र अपनी हंसी नहीं रोक सके।

इसके फलस्वरूप शिक्षक का सारा क्रोध नरेन्द्र के ऊपर आ गिरा और उन्हें पीटते-पीटते वे कहने लगे, "कहो, फिर कभी मेरी ओर देखकर हंसोगे।"

नरेन्द्र के ऐसा नहीं कहने पर शिक्षक ने और अधिक पीटना शुरू किया और दोनों हाथों से उनके कान मलने लगे। यहां तक कि कान पकड़कर ऊंचा उठाते हुए उन्हें बेंच पर खड़ा कर दिया। इससे एक कान छिल गया और खून रिसने लगा। तब भी नरेन्द्र उस

प्रकार की प्रतिज्ञा करने को सहमत नहीं हुए और क्रोध में भरकर कहने लगे, "मेरे कान नहीं मलिएगा ! मुझे पीटने वाले आप कौन होते हैं ? मेरी देह पर हाथ नहीं लगाइएगा।"

इसी समय सौभाग्यवश श्री ईश्वरचंद्र विद्यासागर वहां आ पहुंचे। नरेन्द्र ने फफकते-फफकते सारी घटना उनसे कह सुनाई और हाथों में पुस्तकें उठाते हुए कहा कि, मैं सदा केलिए विद्यालय छोड़कर जा रहा हूं।

विद्यासागर ने उन्हें अपने कमरे में ले जाकर काफी सांत्वना दी।

बाद में इस प्रकार के दण्ड विधान के संबंध में और भी जानकारी मिलने पर याह आदेश दिया गया कि विद्यालय में इस प्रकार का दण्ड नहीं दिया जाएगा।

इधर घर में जब नरेन्द्र की मां भुवनेश्वरीने इस घटना विवरण सुना, तब उन्होंने दु:ख और क्षोभ से विहवल होकर कहा, "मैं अपने बच्चे को ऐसे विद्यालय में नहीं जाने दूंगी।"

किंतु नरेन्द्र का मन तब तक शांत हो गया था। पहले की भांति ही वे उस विद्यालय में जाने लगे, उनका कान ठीक होने में कई दिन लग गए।

पिता की परीक्षा

नरेन्द्र प्रात-सांय भजन करने बैठ जाते, ईश्वर का नाम लेते, उन्हें स्मरण करते।

एक दिन उनके पिता ने उनकी परीक्षा लेनी चाही तो वे बोले, "तुम क्यों अपना समय नष्ट करते रहते हो। संसार में कोई ईश्वर नहीं जिसका तुम नाम लेते फिरते हो, उसका कोई अस्तित्व नहीं।"

नरेन्द्र बोले, "यदि ईश्वर नहीं है तो फिर सृष्टि किसने रची है।"

पिता ने कहा, "यह सब कुछ गरमी और गति का परिणाम है। प्रत्येक वस्तु में उष्णता है, गति है। पता नहीं, कब यह उष्णता बढ़ी। इसके कारण कहीं कुछ बन गया, कहीं कुछ। स्वयं ही यह सब कुछ हो गया। इसे बनाने वाला कोई नहीं।"

नरेन्द्र सोचने लगे, अपने पिता को किस प्रकार समझाऊं ? कॉलेज में गए, तब भी यह विचार उनके मन में था। एक बड़ा-सा कागज लेकर सुंदर रंगों के साथ वहां उन्होंने एक चित्र बनाया। चित्र बनाकर घर में आए, उसे कमरे में रख दिया, जिसमें उनके पिता सोया करते थे।

पिता कार्यालय से लौटे तो चित्र को देखा। नरेन्द्र से बोले, "यह चित्र किसने बनाया है ? यह तो बहुत सुंदर बना है।"

नरेन्द्र ने कहा, "किसी ने भी तो नहीं बनाया, अपने आप ही बन गया है।"

पिता ने आश्चर्य से कहा, "अपने आप ?"

नरेन्द्र ने कहा, "हां पिता जी, कॉलेज में कागज के रिम पड़े थे। उनमें उष्णता और गति आई तो एक रिम से कागज उड़कर मेज पर आ गया। एक अलमारी में रंग भी पड़े थे। उन्हें गरमी जो लगी तो उनमें शक्ति आ गई। अलमारी से निकलकर वे कागज पर गिर पड़े, उसे ऊपर फैल गए और यह चित्र बन गया।"

पिता बोले, "मुझसे उपहास करता है, भला यह अपने आ कैसे बन सकता है ?"

नरेन्द्र ने कहा, "वैसे ही पिता जी, जैसे यह सृष्टि बन गई। यदि गरमी की शक्ति स्वयं में इतनी बड़ी सृष्टि बना सकती है तो क्या यह छोटा-सा चित्र नहीं बन सकता है ?"

नरेन्द्र के पिता उसे ज्ञान की गहराई को समझ गए थे।

इस शरीर में जिस प्रकार आत्मा प्रत्येक कार्य को चलाती हुई शरीर का स्वामी बन बैठी है, वैसे ही संसार का स्वामी बनके प्रत्येक वस्तु के ऊपर विद्यमान है। इंद्रियों के परदे को हटाकर जिस प्रकार आत्मा के दर्शन होते हैं, इसी प्रकार प्रकृति के परदे को हटाकर ईश्वर का दर्शन होता है।

भगवान शिव ने किसी भूत को भेज दिया

जब नरेन्द्र छोटे थे, तब वे बहुत शरारती हुआ करते थे। वे पढ़ाई के साथ–साथ खेलकूद में भी अव्वल थे। उन्होंने संगीत में गायन और वाद्य यंत्रों को बजाने की शिक्षा ग्रहण की थी। बहुत ही कम उम्र से वे ध्यान भी किया करते थे।

अपने बचपन में वे ईश्वर के अस्तित्व के संबंध में और विभिन्न रीति–रिवाजो के बारे में और जातिवाद के बारे में प्रश्न किया करते थे और इनके सही या गलत होने के बारे में जिज्ञासु थे।

बाल्यकाल से ही नरेन्द्र के मन में सन्यासियों के प्रति बड़ी श्रद्धा थी, अगर उनसे कोई सन्यासी या कोई फ़कीर कुछ मांगता या किसी व्यक्ति को किसी वस्तु की आवश्यकता होती थी और अगर वो नरेन्द्र के पास होती थी तो वे तुरंत ही उसे दे देते थे।

नरेन्द्र अपने बचपन में जितने भले स्वभाव वाले थे, उतने ही शरारती भी थे। इसकी पुष्टि इस बात से होती हैं कि उनकी मां उनके बारे में एक बात कहती थी कि वे भगवान शिव से हमेशा एक बालक देने की प्रार्थना करती थी और उन्होंने यह प्रार्थना स्वीकार की और अपने किसी भूत को भेज दिया।

◘◘◘

गुरु शिष्य का प्रेम

एक दिन श्री राम कृष्ण व्याकुल भाव से मंदिर के प्रांगण में घूम रहे थे और मां काली से विनती कर रहे थे, "मां ! मैं उसे देखे बिना नहीं रह सकता।"

वास्तव में वे नरेन्द्र से बहुत प्रेम करते थे। जब भी नरेन्द्र उनसे मिलने आते थे, रामकृष्ण उनसे भजन सुनते और फिर उन्हें खूब खिलाते-पिलाते।

जब काफी दिनों तक नरेन्द्र उनसे मिलने नहीं आते थे, तब वे स्वयं शहर जाकर उनसे भेंट करते थे। उन्होंने सुरेन्द्र नाथ के घर नरेन्द्र से हुई प्रथम भेंट में ही यह देख लिया था कि नरेन्द्र एक सत्य निष्ठ और दृढ़ चरित्र युवक है। उसमें लोक नायक बनने की सभी योग्यताएं हैं।

रामकृष्ण किसी को अपना शिष्य बनाने से पूर्व उसे जांच परख लेते थे। उनकी अभिलाषा थी की नरेन्द्र युग कार्य करे। नरेन्द्र दृढ़ संकल्प वाला असाधारण युवक था। उनके बाहरी आचरण से रामकृष्ण के शिष्य में उन्हें उद्दण्डी, दृढ़ी, दंभी तथा अनाचारी समझते थे।

एक दिन बात है- केशव चन्द्र सेन, विजय कृष्ण गोस्वामी आदि ब्रहम समाज के कुछ प्रसिद्ध नेता रामकृष्ण के पास बैठे थे। नरेन्द्र भी वहां मौजूद थे। कुछ देर बातचीत करने के बाद ब्रहम समाज के नेतागण चले गए। तब रामकृष्ण ने अपने शिष्यों से कहा, "मैंने भाव में देखा, केशव ने जिस शक्ति के बल पर प्रतिष्ठा प्राप्त की है, नरेन्द्र में वैसी अठारह शक्तियां हैं। कृष्णा और विजय के मन में ज्ञानदीप जल रहे हैं। नरेन्द्र में ज्ञान-सूर्य प्रकाशमान है।"

आपनी प्रशंसा सुनकर भी नरेन्द्र खुश नहीं हुए और प्रतिवाद करते हुए बोले, "यह आप क्या कह रहे हैं ! कहां विश्वविख्यात केशव सेन और कहां स्कूल का एक नगण्य लड़का नरेन्द्र ! लोग सुनेंगेतो आप को पागल कहेंगे।"

इस पर रामकृष्ण ने हंसते हुए शांत स्वर में कहा, "मैं क्या कर सकता हूं। मां ने दिखा दिया, इसलिए कहता हूं।"

"कैसे मानूं मां ने कहा है? मुझे लगता है कि आपके मस्तिष्क का ख्याल है। पाश्चात्य विज्ञान तथा दर्शन ने इस बात को प्रमाणित कर दिया है कि कान, नाक, आंख आदि इंद्रियां कई बार हमें भ्रमित कर देती हैं। आपको मुझसे प्रेम है। इसी कारण प्रत्येक में आप मुझे बड़ा देखना चाहते हैं, इसलिए आपको ऐसे दर्शन होते हैं।"

नरेन्द्र प्रत्येक बात को तर्क की कसौटी पर परखकर ही विश्वास करते थे। नरेन्द्र की कटु बातों से भी रामकृष्ण कभी रूष्ट नहीं होते थे, बल्कि इसके विपरीत नरेन्द्र के प्रति प्रेम गहराता जा रहा था।

रामकृष्ण अद्वैत सिद्धांत अर्थात ब्रहम की एका सूचक शिक्षा देते थे। नरेन्द्र उस पर कभी ध्यान नहीं देते थे, बल्कि कई बार उनका मजाक उड़ाते हुए कहते थे, " क्या यह संभव है? कटोरा, लोटा इत्यादि ईश्वर हैं, जो भी दिखाई देता है, वह ईश्वर है।"

नरेन्द्रकी ऐसी आलोचनाएं रामकृष्ण के शिष्यों से सहन नहीं होती थी, लेकिन नरेन्द्र तीव्र आलोचना तथा उसके आवेगमय तर्क श्री रामकृष्ण को आनंदित कर देते थे।

हालांकि गुरु शिष्य के मध्य वैचारिक मतभेद था, फिर भी दोनों में दिनों-दिन घनिष्ठता बढ़ती ही जा रही थी।

युवकों को बताया सन्यास का सच्चा अर्थ

सितम्बर 1892 की घटना है।

बम्बई से पूना जाने वाली रेलगाड़ी में स्वामी जी यात्रा कर रहे थे। इसी डिब्बे में तीन महाराष्ट्रीय युवक भी बैठे हुए थे। वे आपस में इस विषय को लेकर वाद-विवादकर रहे थे कि सन्यास ग्रहण उचित है या अनुचित।

इन युवकों में से एक रानाडे थे। वह विवाद में सन्यास का खण्डन कर रहा था और इसे अकर्मण्य का प्रतीक बता रहा था।

एक युवक सन्यास धर्म के मूल वैराग्य और मानव मात्र की मंगलकामना के उद्देश्य का बखान कर रहा था। वह बाल गंगाधर तिलक था।

स्वामी जी पहले तो उनके वाद-विवाद को सुनते रहे। फिर बाल गंगाधर के पक्ष का

समर्थन करने लगे। स्वामी जी ने उन्हें समझाया कि यह सन्यासियों का ही काम था जो उन्होंने देश-देशान्तर में घूम-घूमकर शीतातप, भूख-प्यास और अन्य अनेक बाधाओं को सहते हुए जातीय जीवन के उच्च आदर्शों को समस्त भारत में प्रचार-प्रसार किया। यदि कुछ ढोंगी लोगों ने सन्यासी जैसी वेश-भूषा बनाकर कुद निन्दित कार्य किये हैं तो इसका यह अर्थ कदापि नहीं कि सन्यासी मात्र निन्दित है और सन्यास आश्रम गर्हित है। इस सन्यासी की ज्ञान गरिमा और विषय प्रतिपादन की क्षमता से लोकमान्य तिलक बड़े प्रभावित हुए।

पूना में वे स्वामी जी को अपने घर ले गये। स्वामी जी भी तिलक की प्रखर प्रतिभा से प्रभावित हुए बिना नहीं रहे।

दो महापुरूषों का विचारसाम्य, भारतीय सनातन धर्म और संस्कृति के प्रति अनन्य निष्ठा, देश और धर्म के उत्थापन का उद्देश्य उन्हें एक-दूसरे का अन्तरंग मित्र बनाने में सहायक था।

सत्य की खोज

नरेन्द्र ने सत्य की खोज में न जाने कितनी पुस्तकें पढ़ डाली थीं।वे अपने अध्ययन से किसी उद्देश्य को प्राप्त करना चाहते थे। वास्तव में वह अपने अध्ययन के माध्यम से सत्य की खोज करना चाहते थे।

इसी बीच नरेन्द्र अपने कुछ मित्रों के साथ ब्रहम समाज में सदस्य बन गए।

ब्रहम समाज की प्रत्येक रविवारीय उपासना में नरेन्द्र सम्मिलित होते थे। साथ ही अपने मधुर कंठ से ब्रहम संगीत सुनाकर श्रोताओं का मन मोह लेते थे, किन्तु वे उपासना के विषय में दूसरे सदस्यों से सहमत नहीं थे। उन्हें ब्रहम समाजमें त्याग तथा निष्ठा की कमी अनुभव होती थी।

जहां भी वह असत्य की छाप देखते, निर्भीक भाव से उसकी आलोचना करते थे, फिर भी उन्हें सत्य के दर्शन नहीं हुए।

एक दिन देवेन्द्र नाथ ठाकुर ने उपदेश देते हुए नरेन्द्र से कहा, "तुम्हारे प्रत्येक अंग में योगियों की छाया स्पष्ट झलकती है। ध्यान करने से तुम्हें शान्ति तथा सत्य की प्राप्ति होगी।"

लगनशील नरेन्द्र उसी दिन से ध्यानानुराग में रम गए। थोड़ा खाना, चटाई पर सोना, सफेद धोती पहनना तथा शारीरिक कठोरता का पालन करना अपन नियम बना लिया। उन्होंने अपने घर के निकट किराए पर कमरा ले रखा था। उनके परिवार वाले समझते थे कि घर पर पढ़ाई में असुविधा होती होगी, इसी कारण नरेन्द्र अलग कमरा लेकर रह रहा है।

विश्वनाथ जी ने भी कभी नरेन्द्र की स्वतंत्रता पर प्रतिबंध लगानेकी चेष्टा नहीं की। नरेन्द्र अध्ययन, संगीत आदि की चर्चा करने के पश्चात् अपना शेष समय साधना-भजन में बिताते थे।

इसी तरह दिन बीतने लगे, लेकिन उनकी सत्य की खोज पूर्ण नहीं हुई। समय बीतने के साथ-साथ उन्हें समझ में आने लगा कि सत्य को प्रत्यक्ष रूप से देखने के लिए किसी ऐसे व्यक्ति के चरण कमलों में बैठकर शिक्षा लेनी होगी, जिसने स्वयं साक्षात्कार किया हो।

साथ ही निर्णय लिया कि यदि मैं सत्य की खोज न कर सका तो इसी प्रयत्न में प्राणा दे दूंगा।

राजदण्ड से नहीं डरे विवेकानन्द

मैसूर राज्य के दीवान श्री शेषाद्रि महोदय की स्वामी विवेकानन्द जी से भेंट हुई।। वे स्वामीजी के तप-त्याग और पांडित्य से बहुत प्रभावित हुए। उन्होंने मैसूर के महाराज चामराजेन्द्र वाडियर महोदय को स्वामी जी के सम्बन्ध में बताया। महाराज स्वामीजी से मिलकर बहुत प्रसन्न हुए। उन्होंने स्वामी जी से प्रार्थना की कि राजभवन में चलकर रहें। स्वामीजी राजभवन में रहने लगे।

मैसूर नरेश सरल स्वभाव और उदार प्रकृति के पुरुष थे। यहां रहते हुए स्वामीजी अपने निर्भीक और निश्छल स्वभाव के कारण महाराजा के कार्यों में जहां कहीं त्रुटि देखते थे, आलोचना करने लगते थे।

एक दिन स्वामीजी के आलोचना करने पर बनावटी क्रोध दर्शाते हुए महाराज कहने लगे, "मैं सर्वतन्त्र स्वतन्त्र हूं। सभी मुझसे भय मानते हैं और मुझे प्रसन्न रखने के लिए विविध उपाय करते हैं। भविष्य के लिए आप भी सावधान रहें। कहीं आपको राजदण्ड का भागी ने बनना पड़े।"

स्वामीजी ने इसे बनावटी क्रोध न समझकर यथार्थ कथन समझा। वे पूरी गम्भीरता के साथ बोले, "महाराज ! आपके अनुचित कार्यों व कथनों का अनुमोदन करने वाले यहां अनेक सभासद् राजपुरुष हैं। मैं सन्यासी हूं। सत्य मेरा मान्य व्रत है, दण्ड के भय से मैं सत्य पथ से मुंह नहीं मोड़ूंगा। आप हिन्दुधर्मानुयायी होकर भी एक सन्यासी से अनुचित कार्य की आशा करते हैं।"

स्वामीजी के इस धर्म-सम्मत उत्तर को सुनकर मैसूर नरेश गदगद हो गये।

एक सच्चे सन्यासी से इसी उत्तर की अपेक्षा हो सकती थी।

प्रगतिशील समाज का संदेश

यह घटना उस समय की है जब स्वामी जी भारत भ्रमण कर रहे थे।

भारत भ्रमण के दौरान स्वामी जी कन्याकुमारी से पांडिचेरी गये। उस समय पांडिचेरी पर फ्रांस का अधिकार था। यहां कई युवा उनके शिष्य बने। यात्रा के अनेकविध कष्टों से क्लान्त शरीर को कुछ विश्राम देना आवश्यक प्रतीत होता था। सो उन्होंने वैसा ही किया। यहां एक दक्षिणात्य पण्डित प्रवर के साथ स्वामीजी का शास्त्रार्थ हुआ। पण्डित महोदय हिन्दू धर्म के जड़ताग्रस्त और अनुदार रूप का समर्थन कर रहे थे, जिसके अनुसार विदेश-यात्रा, चौक के बाहर का भोजन और इस तरह के आचार-व्यवहार का निषेध था।

स्वामीजी उसके गतिशील स्वरूप का पक्ष ले रहे थे, जिसमें न तो विदेश यात्रा निन्दित थी और न इस तरह के अन्य प्रगतिशील कार्य। वे चौके-चूल्हे की परिधि में बन्द हिन्दू धर्म के पक्षपाती नहीं थे। पर पण्डितजी तर्क और युक्ति के बिना ही अपने पक्ष के शास्त्रसम्मत होने का आख्यान कर रहे थे। वे स्वामीजी की बात को तो सुनना ही नहीं चाहते थे। इस पर स्वामीजी ने उपस्थित श्रोताओं को संबोधित करते हुए कहा, "आप सब लोग शिक्षित हैं। कर्तव्याकर्तव्य-विवेक आप में है। क्या करणीय है और क्या अकरणीय, इसका विचार आप करें। हमें समाज को प्रतिगामी रूढ़ियों से निकालकर प्रगतिशील समाजों के समकक्ष खड़ा करना होगा। जो-जो आचार-नियम समाज के विकास और पोषण में विघ्नस्वरूप हैं, उनका शीघ्रातिशीघ्र त्याग कर देना होगा।"

युवकों ने स्वामी जी के विचारोंका करतल-ध्वनि से स्वागत और अनुमोदन किया।

नरेन्द्र के सवाल से डर गयी मां

एक दिन बालक नरेन्द्र को पता नहीं क्या सूझा कि मां के पास जाकर बड़े उदास मन से पूछने लगा, "मां, तुम कई बार कहती हो कि भगवान शंकर मुझे कैलाश में वापस नहीं आने देंगे। लेकिन, यदि मैं साधु बन जाऊं, तब तो आने देंगे न ?"

मां ने सहजभाव से उत्तर दिया, " हां बेटा, साधु को भला वे क्यों रोकने लगे !" भुवनेश्वरी देवी ने कहा तो दिया पर दूसरे ही क्षण उन्हें ध्यान आया कि मैं क्या कह गयी। पुत्र के साधु बन जाने की कल्पना से ही उनका हृदय कराह उठा। यह औघड़ कब क्या कर बैठेगा, कुछ नहीं।

भगवान् शंकराचार्य ने भी कुछ इसी तरह मां से सन्यास लेने की आज्ञा ली थी। पर समय किसे कल्पना थी कि यही बालक शंकर की परम्परा को आगे बढ़ाने वाला और सात समुन्दर पार तक उनके सन्देश को ले जाने वाल सिद्ध होगा।

नरेन्द्र की लीलाएं और मां की चिंताएं

नरेन्द्र में एक महापुरुष के लक्षण बालपन से ही विद्यमान थे। दूसरों की मदद करने का भाव उनमें कूट-कूटकर भरा हुआ था। दानशीलता उनके स्वभाव में थी।

अनेक बार बालक नरेन्द्र अपनी वस्तुएं साधुओं-सन्यासियों को दे देते। इस पर घर में झिड़कियां भी मिलतीं, पर नरेन्द्र पर इसका कोई प्रभाव न पड़ता। वह अवसर आने पर फिर अपनी वस्तु किसी साधु को देते समय तनिक भी न झिझकता।

कभी-कभी लंगोट बांधकर और शरीर में भभूत लगाकर ' बं-बं महादेव, हर-हर महादेव, जयशिव-जयशिव' कहकर ताली बजाने और नाचने लगता। मां जब बाल की इस बालयोगी जैसी मूर्ति को देखतीं तो क्रोधित होने के बजाय हंसने लगतीं।जाने उनका क्रोध कहां चला जाता।

इस तरह अनके बाल लीलाएं करने वाले नरेन्द्र पर मां को कभी क्रोध और क्षोभ आ घेरता, कभी वे विस्मित-सी देखती रह जातीं और कभी हृदय के अनेक परस्पर भाव मिलकर एक विचित्र भाव की सृष्टि करते। वे इस बालक के भविष्य की चिन्ता करती-करती अपने से भी कह उठतीं, "मैं चिन्ता करने वाली कौने हूं ! भगवान् की जो इच्छा

होगी, वही तो होगा। मैं क्यों चिन्ता करूं !"

▣▣▣

जब हनुमान जी को खोजने निकला नरेन्द्र

बालक नरेन्द्र को रामायण के पात्रों में महावीर हनुमान का चरित्र सबसे अधिक पसन्द था। ब्रहमचारी, सेवाव्रती, स्वामी-भक्ति का जीवन्त रूप, असम्भव को सम्भव कर दिखाने वाला-उनकी एक-एक बात को सोचकर नरेन्द्र का मन मुग्ध हो जाता।

उसने मां से सुन रखा था कि हनुमान जी अमर हैं। अमर हैं अर्थात् जीवित हैं। नरेन्द्र ने सोचा, अगर यह बात है तब तो उनसे मिलना चाहिए। पर उसे पता नहीं था कि वे मिलेंगे कहां। नरेन्द्रके मन-प्राण हनुमानजी से मिलने के लिए व्याकुल हो उठे।

एक दिन कथावाचक पण्डित जी हनुमान जी के चरित्र का वर्णन कर रहे थे। वे कह रहे थे, "फलों का भोजन उन्हें खूब पसन्द है। वे बाग-बगीचों में अधिक रहते हैं।" इसी समय नरेन्द्र पण्डित जी के पास पहुंचा और पूछने लगा, "पण्डित जी, क्या हनुमान जी केलाबाड़ी में मिलेंगे ? वहां वे केले खाने अवश्य आते होंगे।"

पण्डित जी ने टालने के भाव से कह दिया, "हां, हां, अवश्य मिलेंगे।"

बालक की बात पर कौन ध्यान देता है। नरेन्द्र वहां से सीधा केलाबाड़ी चला गया और हनुमान जी को खोजने लगा। फिर वह एक जगह बैठ गया और सोचने लगा कि शायद अभी आते ही होंगे। पर हनुमान जी नहीं आये। अन्धेरा होने पर निराश बालक घर वापस लौट आया।

घर आकर सारी बात मां को बतायीफ मां ने बच्चे के विश्वास को बनाये रखने के लिए कहा, "क्या पता रामजी ने कहीं काम से उन्हें भेज दिया हो। वे राम जी की सेवक हैं न। फिर कभी देख लेना। सम्भव है, मिल जाएं।"

बच्चे के निराश मन को तनिक सन्तोष मिला। कौन जाने फिर कभी वे हनुमान जी को ढूंढने केलाबाड़ी गये या नहीं, पर बचपन में हनुमान के चरित्र का उनके मन पर जो प्रभाव पड़ा था, वह आगे चलकर और भी पक्का हो गया। वे आने साथियों और शिष्यों को हनुमान जैसा निष्काम सेवाव्रत ग्रहण करने की सलाह देते थे।

▣▣▣

निडर नरेन्द्र

नरेन्द्र को डर तो छू तक नहीं गया था। वह किसी से भी नहीं डरता था।

नरेन्द्र के पड़ोस में उनके एक साथी बालक का घर था। उनके घर में चम्पा के फूल का एक पेड़ था। नरेन्द्र इस पेड़ पर चढ़ जाता और जांघों की कैंची में पेड़ की डाल को देखकर उलटा लटककर झूलने लगता।

एक दिन नरेन्द्र इसी तरह चमगादड़ जैसा उलटा लटका एक ऊंची डाल से झूल रहा था। घर के मालिक एक वृद्ध महाशय जब देखा तो डर के मारे उनका कलेजा कांप उठा। अगर यह बालक गिर पड़ेतो इसका सिर फट जाएगा। यह कल्पना ही उनके डर का कारण थी। पर वह यह भी जानते थे कि मना करने से यह रूकेगा नहीं।

यही सोचकर उन्होंने कहा, "बेटा, आगे से इस पेड़ पर कभी न चढ़ना। इस पर ब्रहमराक्षस रहता है।" ब्रहम राक्षस के विकराल रूप का वर्णनभी उन्होंने किया ताकि नरेन्द्र डर जाए। यह भी समझाया की इस पर ब्रहम राक्षस का वास है, इसलिए अगर कोई इस पर चढ़ता है तो ब्रहम राक्षस को क्रोध आ जाता है,पर उनक जाते ही नरेन्द्र फिर पेड़ पर चढ़ बैठा और साथी से कहने लगा, "आज तो ब्रहम राक्षस को देखकर ही जाऊंगा।" पर साथी डर गया।

उसने कहा, "न बाबा, ब्रहम राक्षस हमें मार डालेगा।"

इस पर नरेन्द्र ने हंसते हुए कहा, "अरे, ये सब बातें हम लोगों का डराने के लिए कही जाती हैं। उस ब्रहम राक्षस ने आज तक किसी को मारा भी है !"

▣▣▣

नरेन्द्र में नारायण

एक दिन बातचीत के प्रसंग में श्री रामकृष्ण कहने लगे, " यदि तू मेरी बात नहीं सुनता तो फिर यहां क्यों आता है ?" नरेन्द्र ने तत्काल उत्तर दिया, "आपको चाहता हूं, इसलिए चला आता हूं। बात सुनने के लिए नहीं।"

नरेन्द्रनाथ ने अपने प्रति परमहंस की ममता को देखकर एक दिन कहा, "राजभरत को हरिण के प्रति अत्यन्त ममत्व होने का कारण, दूसरे जन्म में हरिया की योनि प्राप्त हुई थी। आपकी मेरे प्रति जो ममता है, उसका भी वैसा ही फल होगा।" इस पर श्री रामकृष्ण

देव बोले, "सच तो है रे, तो फिर क्या होगा भला ? मैं तो तुझे देखे बिना नहीं रह सकता।" और तभी परमहंस काली मां की मूर्ति के पास दौड़े गए। थोड़ी ही देर बाद लौट आए और कहने लगे, " मैं तेरी बात नहीं सुनूंगा। मां ने कहा है कि तू उसमें (नरेन्द्र में) नारायण को देखता है इसीलिए तेरी ममता है।

गुरु शिष्य में तर्क-वितर्क और नोक-झोंक आम बात थी। लेकिन दोनों एक दूसरे के प्रति अगाध प्रेम रखते थे। और एक दूसरे से मिले बिना रह भी नहीं पाते थे।

ऐसे ही सिद्ध गुरु के शिष्य ने सारी दुनिया में हिन्दू धर्म की पताका को लहराया।

शंकालु नरेन्द्र

एक दिन संध्या समय, जबकि भक्त मण्डली ज्ञान-चर्चा में विरत हुई थी, श्री रामकृष्ण देव ने एकाएक उठकर अपना दाहिना चरण नरेन्द्र के कन्धे पर रखा। चरण रखते ही नरेन्द्र एक विचित्र भावभूमि में पहुंच गया। उसे ऐसी अनुभूति हुई मानो सकल सृष्टि का किसी अनन्त सत्ता में तिरोभाव हो रहा है। पर नरेन्द्र का " मैं " तब भी रहा। जब उसे लगा कि " मैं " भी विलीन होने लगा है तो उसके मुंह से चीख निकल गई, "यह आप क्या कर रहे हैं ? मुझे क्या हो रहा है ? मेरी मां, मेरे पिता ...... "

श्री रामकृष्ण ने पैर हटा लिया और उसकी छाती प र हाथ रखा। इससे नरेन्द्र तत्काल स्वाभाविक स्थिति में आ गया। उसने देखा, परमहंस उसे सामने खड़े मन्द-मन्द हंस रहे हैं। इस घटना से नरेन्द्र के " अहं " का महल भूमिसात्हो गया। उसे अपनी दृढ़ता का जो मान था, वह जाता रहा, माता-पिता के मोह ने उसे योगियों के परमानन्द का भोक्ता बनने से रोक दिया।

पर नरेन्द्र के शंकालु मन ने हार नहीं मानी। वह सोचने लगा, निश्चय ही यह पुजारी पागल तो है नहीं। फिर क्या है ? इसने सम्मोहन (हिप्नाटिज्म) से तो मेरा भावान्तर नहीं किया था ? इस तरह की शंकाओं मे फिर उसने मन ही मन निश्चय किया कि भविष्य में ऐसा अवसर नहीं दूंगा कि सम्मोहन विद्या के द्वारा मेरे मन पर यह काबू पा सके।

वास्तव में नरेन्द्र बाल्यकाल से ही तार्किक स्वभाव के थे। सत्य की खोज में किसी भी बात या घटना में शंका शेष नहीं रहने देते थे। स्वामी रामकृष्ण परमहंस ने अपनी मृत्यु से कुछ दिन पूर्व नरेन्द्र की शंका का समाधान किया था। वहीं श्री रामकृष्ण नरेन्द्र के तर्क

पर नाराज होने की बजाय उसके प्रश्नों से आनंदित हुआ करते थे।

स्वामीजी के बेबाक जवाब

यह प्रसंग उस समय का है जब स्वामीजी अमेरिका प्रवास पर थे।

एक दिन सभा में भारत गौरव का गान करते स्वामीजी को सुनकर एक श्रोता उठा, "भारत के हिन्दुओं ने अब तक किया ही क्या है ? वे किसी भी दूसरे देश को जीत नहीं सके।"

स्वामीजी ने उत्तर दिया, " नहीं, ऐसे मत कहिये। उन्होंने जीतना चाहा ही नहीं। यही उनका गौरव है। वे परायी वस्तु को कभी ललचाई दृष्टि से नहीं देखते। वे कोई चोर-डाकू नहीं हैं जो लूट-मार करें और व्यर्थ में लोगों का खून बहाएं।"

इस कड़ी में एक सभा में किसी ने प्रश्न किया, "आप जब भारत को धर्मगुरु कहते हैं तो इसके पूर्व आपके देश का कोई धर्माचार्य धर्म-प्रचार करने के लिए यहां क्यों नहीं आया ?"

स्वामीजी ने उत्तर दिया, " उस समय तुम्हारे पूर्वज असभ्य और जंगली थे। वे नग्नप्राय अवस्था में जंगलों में रहते थे। इस दशा में हम उन्हें कहां खोजते और कैसे शिक्षा देते।"

ऐसे ही एक दिन ईसाई धर्मावलम्बियों की आलोचना सुनकर एक श्रोता ने प्रश्न किया, " स्वामीजी, आप ईसाई तो हैं नहीं, इसलिए ईसाई धर्मके आदर्श और तत्त्व को आप कैसे समझ सकते हैं ? "

स्वामीजी ने तत्काल उत्तर दिया, "तुम्हारे प्रभु ईसा पूर्व देश के ही सर्वस्व त्यागी सन्यासी थे। मैं भी उन्हीं की तरह एक पूर्व देश का सन्यासी हूं। मैं तुम्हारी अपेक्षा उन्हें अधिक समझता हूं। मैं तो कहूंगा कि आप लोग अभी तक ईसा के उपदेश को ठीक से समझ नहीं पाए हैं। क्या उन्होंने यह नहीं कहा था कि, 'जाओ, अपना सब कुछ बांट दो, तब आकर मेरा अनुसरण करो।' ईसा को मानने वाले तुम्हारे देश के कितने लोगों ने उनकी इस बात को मानकर कि, 'धनी व्यक्ति के स्वर्ग राज्य में प्रवेश पाने की अपेक्षा ऊंट का सुई के छेद से निकलना अधिक सरल है' अपना धन-धान्य त्याग दिया है !"

प्रश्न पूछने वालों की इस प्रकार स्पष्ट उत्तर सुनकर जो स्थिति होती थी, उसका

अनुमान सहज लगाया जा सकता है। बेचारे अपना-सा मुंह लेकर चुप रह जाते।

◘◘◘

जब नास्तिक बना श्रद्धावान

मद्रास में ईसाई कॉलेज के विज्ञान के अध्यापक श्री सिंगरावेलु मुदालियार, जो स्वयं नास्तिक थे, युवक छात्रों के स्वामीजी के प्रति आकर्षण से कुछ चिन्तित हो उठे। उन्होंने निश्चय किया कि मैं स्वयं जाकर स्वामीजी से ईश्वर की सत्ता के बारे में तर्क और युक्ति से वाद-विवाद करूंगा। निश्चित है कि स्वामी मेरे तर्कों को काट नहीं सकेगा। इस प्रकार छात्रगण अपने स्वामीजी को परास्त होते देखकर उनके प्रति श्रद्धा खो बैठेंगे।

एक दिन उपर्युक्त विचार से दल-बदल सहित स्वामीजी के यहां आये। थोड़ी देर के तर्क-वितर्कके बाद मुदलियार महोदय को उत्तर देनाहो गया। इतना ही नहीं, स्वामीजी के तपापूत व्यक्तित्व का कुछ ऐसा मुदालियार महोदय पर पड़ा कि वे ईश्वर विश्वासी हो यगे और स्वामीजी के शिष्य भी। उनका यह परिवर्तन सभी के लिए विस्मयकारी था।

स्वामीजी मुदालियार महोदय को 'किड़ी' कहकर पुकारते थे और उनसे बड़ा स्नेह करते थे। बाद में किसी समय के इस नास्तिक प्राध्यापक की गुरुभक्ति आदर्श थी। निकट भविष्य में जब स्वामीजी विदेश चले गये तो वहां उनका आदेश पाकर मुदालियार रामकृष्ण संघ के मुखपत्र 'प्रबुद्ध भारत' (अंग्रेजी) के सम्पादन का सारा कार्य करने लगे। और फिर थोड़े समय बाद ही उन्होंने सांसारिक कार्य व्यवहार को छोड़कर 'दरिद्रनारायण' की सेवा के लिए अपने को अर्पित कर दिया था।

◘◘◘

गुरु की असीम कृपा

स्वामीजी को प्रति सप्ताह बारह-चौदह और कभी-कभी इससे भी अधिक भाषण देने पड़ते थे। कभी-कभी स्वामीजी यह नहीं सोच पाते थे कि अब अपने भाषण में कौन-सी नई बात बताएं, क्योंकि उन्हें इतनी बार व्याख्यान करना पड़ा था कि सब कथनीय कह चुके थे। परन्तु जो सागर तल पर पांव-पयादे चलते हुए अपने पीछे-पीछे आने का उन्हें संकेत कर रहे थे, वे ही गुरुदेव उनके लिए उपादान जुटा देते थे।

स्वामीजी निरन्तर यह अनुभव करते थे कि कोई शक्ति उनका संचालन कर रही है और उन्हें शक्ति भी प्रदान कर रही है। स्वामीजी ने स्वयं कहा था कि कई बार रात्रि में दूसरे दिन दिया जाने वाला भाषण कोई अक्षरक्ष:उन्हें सुना रहा है। वे अपने का ध्वनिवाहक यंत्र जैसा ही समझते थे।

वास्तव में स्वामीजी पर उनके गुरु परमंहस रामकृष्ण जी की अपार कृपा थी। वे हमेशा सूक्ष्म रूप में स्वामीजी के अंग-संग रहते थे। स्वामीजी के जीवन में ऐसी घटनाएं हैं जब उन्हें उनके गुरु ने संकट से उबारा और प्रकाश मार्ग दिखाने का कार्य किया। धन्य है ऐसा शिष्य, जिसे उसके गुरु का इतना प्रेम, स्नेह और आशीष प्राप्त हुआ।

जब नरेन्द्र ने ठुकराया विवाह प्रस्ताव

एफ०ए० की परीक्षा समाप्त हो गयी। नरेन्द्र के पिताजी के पास रिश्ते के लिए लड़की वाले आने लगे। श्री विश्वनाथजी को उनमें से एक धनी-मानी परिवार पसन्द आया। लड़की के पिता दहेज में नकद दस हजार देने की बात कह गये थे, पर श्री विश्वनाथजी इस स्वाधीनचेता पुत्र से बिना पूछे रिश्ता करना नहीं चाहते थे। उन्होंने नरेन्द्र से स्वयं न पूछकर अन्य एक सम्बन्धी द्वारा विवाह करने के सम्बन्ध में विचार जानने का प्रयत्न किया।

नरेन्द्र ने परमसत्य को जानने की अपनी विकलता की बात उन्हें बतायी और यह भी कहा कि विवाह को वे इस मार्ग की बाधा समझते हैं।

ये सम्बन्धी, जिनका नाम रामचन्द्र दत्त था, श्री रामकृष्ण परमहंस के अन्यतम गृहस्थ शिष्यों में से थे। उन्होंने नरेन्द्र की परमतत्त्व की जिज्ञासा से उत्पन्न अशान्ति को पूरी गम्भीरता से समझकर, सुझाव दिया, "तुम दक्षिणेश्वर में श्री रामकृष्ण देव के पास जाओ। वे ही तुम्हें सत्पथ बता सकते हैं।"

उनकी बात नरेन्द्रनाथ को ठीक लगी और थोड़े ही दिनों बाद वह अपने तीन-चार मित्रों के साथ दक्षिणेश्वर में श्री रामकृष्ण देव के पास गया।

कालान्तर नरेन्द्रनाथ श्री रामकृष्ण देव के शिष्यों में सबसे प्रिय था। और इसी शिष्य ने हिन्दू धर्म, सभ्यता-संस्कृति की लौ पूरी दुनिया में जलाई थी।

वेदान्त... एक जीवन साधना है

यह प्रसंग उस समय का है जब स्वामीजी विदेश यात्रा के बाद स्वदेश लौटे थे।

मद्रास पधारने के दूसरे दिन विक्टोरिया हॉल में स्वामीजी ने 'मेरी समर नीति' नामक प्रसिद्ध भाषण दिया। इसके बाद 'भारतीय जीवन में वेदान्त का प्रयोग', 'भारतीय महापुरुषगण', 'हमारा वर्तमान कर्तव्य' तथा 'भारत का भविष्य' शीर्षक चार भाषण दिये। यहां स्वामीजी से शास्त्रचर्चा करने के लिए एक दिन एक से एक प्रसिद्ध विद्वान आये। वेदान्त के विविध पक्षों पर चर्चा होती रही। स्वामीजी को मन्तव्य सुनकर ये विद्वान बोले कि आपने जो यह प्रतिपादन किया कि वेदान्त के विभिन्न मत-वाद एक-दूसरे के विरोधी नहीं अपितु वेदान्त के पूर्ण सत्य तक पहुंचने के मार्ग की सीढ़ियां हैं, इस तथ्य का प्रतिपादन किन्हीं भी अन्य पूर्वाचार्यों ने तो किया नहीं। वे तो इन मत-वादोंको एक-दूसरे के विरोधी ही मानते हैं।

इस पर स्वामीजी ने सहजभाव से उत्तर दिया, "यह कार्य मेरे ही लिए नियत था।"

एक बार इसी प्रकार के सन्दर्भ में उन्होंने कहा था कि वेदान्त को कोरे पुस्तक-पाण्डित्य के बल पर नहीं समझा जा सकता था। यह एक जीवन-दृष्टि और जीवन साधना है।

जब नरेन्द्र ने ठुकरा दी अष्ट सिद्धियां

1883-84 ई० के मध्य कलकत्ता के विचारशील लोगों ने रामकृष्ण परमहंस के महत्व को भली प्रकार पहचान लिया। 1885 ई० के मध्य में श्री रामकृष्ण देव के गले में रोग हो गया था। उन्हें चिकित्सा के लिए कलकत्ता लाया गया था।

श्री रामकृष्ण देव नरेन्द्रनाथ से अपनी टहल-सेवा नहीं करवाते थे। क्यों नहीं करवाते थे, यह तो वे ही जानें। गुरु-सेवा के अधिकार से वंचित नरेन्द्र व्यवस्था संचालन में अपना योग देता था।

एक दिन नरेन्द्र को एकान्त में बुलाकर वे बोले, "योग-साधना से मुझे अष्टसिद्धियां मिली थीं, पर मैंने उनका कभी कोई उपयोग नहीं किया। उन्हें तू ले ले। भविष्य में तेरे

बहुत काम आएंगी।"

नरेन्द्र ने पूछा, "महाराज, क्या उनसे भगवद्प्राप्ति मे कोई सहायता मिलेगी ?"

परमहंस बोले, "नहीं, सो तो नहीं होगा, परन्तु कोई भी सांसारिक इच्छा अपूर्ण न रहेगी।"

तनिक भी दुविधा में पड़े बिना नरेन्द्रनाथ ने उत्तर दिया, "महाराज, तब तो वे मुझे नहीं चाहिये।"

ऐसे थे नरेन्द्रनाथ जो ईश्वर प्राप्ति के मार्ग में सहायक वस्तुओं के अलावा प्रत्येक वस्तु व विद्या को तुच्छ समझते थे।

स्वामीजी का देश प्रेम

विश्व धर्म संसद की या अमेरिका और अन्य स्थानों पर अवर्णनीय उपलब्धियां प्राप्त करने के बाद भी भारत के प्रति उनकी अनुरक्ति किसी रूप से कम नहीं हुई बल्कि उनकी आध्यात्मिक देश भक्ति और उग्र हो गई।

इंग्लैण्ड से भारत वापसी की यात्रा हेतु विदाई के समय एक अंग्रेज मित्र ने पूछा, "स्वामीजी चार वर्ष दूर रहने के बाद अब आपको अपनी मातृ भूमि कैसी लगती है, पश्चिमी देशों में आए सुविधा संपन्न, आनंददायक, शक्ति संपन्न अनुभवों के पश्चात् ?"

स्वामीजी केा अध्यात्मपूर्ण उत्तर था, "सुदूर प्रवास से पहले मैं भारत से प्यार करता था और अब वहां की धूल का कण-कण, वहां की हवा के झोंके भी पवित्र लगते हैं, वह अब पावन भूमि है, धर्म स्थल है, तीर्थ स्थान है।"

यह मातृभूमि के प्रति उनके समर्पित भार की अभिव्यक्ति थी किन्तु वह अपने देशवासियों की दुर्दशा के प्रति तीव्र संवेदना भी उनके हृदय को उद्वेलित करती थी। कोलम्बो से भारत पहुंचने के बाद दक्षिण भारत से उत्तर भारत अल्मोड़ा तक की यात्रा के समय अपनी बातचीत में उन्होंने देशवासियों की स्थिति के बारे में संवेदनशील भावों को व्यक्त किया है, जिसका संकलन 'संभावना-कोलम्बो से अल्मोड़ा तक' नामक कृति में विस्तार से किया गया है।

जब सहयात्री को सिखाया सबक

अदन से कोलम्बो की यात्रा में स्वामीजी का अपने दो सहयात्रियों के साथ अप्रिय अनुभव रहा। वे ईसाई धर्मप्रचारक थे, जो बार-बार हिन्दुत्व और ईसाईयत्व के विरोधाभास पर चर्चा करने पर जोर दे रहे थे। उनका तर्क-वितर्क का तरीका बड़ा आपत्तिजनक था। जब हर विषय पर चर्चा में पराजित होने लगे, वे अपना आपा खो बैठे, क्रोध में वे हिंसात्मक हो गये और हिन्दुओं और उनके धर्म का अपमान करने लगे।

स्वामीजी ने जहां तक संभव हुआ सहन किया, इसके बाद वे धीरे-धीरे उनमें से एक के पास पहुंचे और अचानक स्वामी जी ने शांत भाव के साथ मजबूतीके साथ उसका कॉलर पकड़कर हंसी मिश्रित क्रोध से कहा, "अगर तुमने मेरे धर्म को फिर बुरा-भल कहा तो मैं तुम्हें बार फेंक दूंगा।"

वह डरकर स्वामीजी के चरणों में गिर गया और हांफते हुए बोला, " श्रीमान् जी मुझे छोड़ दो, मैं फिर से कभी ऐसा नहीं करूंगा।" इसके बाद वह सारे रास्ते स्वामीजी की जी-हजूरी करता रहा और अपने दुर्व्यवहार को अत्यंत विनम्रता से सुधारने का प्रयास करता रहा।

स्वामीजी सभी धर्मों का समान भाव से देखते और सम्मान देते थे, लेकिन वे अपने धर्म की बुराई कदापि बर्दाशत नहीं करते थे। स्वामीजी के जीवन काल में कई ऐसे अवसर आए जब किसी ने हिन्दू धर्म को अपमानित करने और उसकी निंदा करने का प्रयास किया, लेकिन स्वामीजी ने दृढ़ता से अपना पक्ष रखा और हिन्दू धर्म की सर्वोच्चता एवं श्रेष्ठता को प्रमाणित किया।

परोपकार की भावना

धर्मसंसद के प्रबोधन के बाद स्वामीजी ने सम्पूर्ण विश्व पटल पर अपरिवर्तनीय ख्याति प्राप्त कर ली थी..... और जन सामान्यके लिए उनकी लक्ष्य साधना प्रारम्भ हो चुकी थी। लेकिन, सब प्रकार की जय-जयकार और प्रसिद्धी जो उन्हें मिली थी, उसके बाद भी वे अपने प्रति संतुष्ट नहीं थे बल्कि उनका हृदय भारत के लिए ही द्रवित हो रहा था।

धर्म संसद से लौटने के बाद पहली रात में ही बिस्तर पर लेटे-लेटे भारत की गरीबी

और अमेरिका की विपुल समृद्धि की भयानक तुलना ने उन्हें उत्पीड़ित किया। वे भारत की दुर्दशा के विषय में सोचते रहे, उन्हें नींद नहीं आयी। मखमली बिस्तर में भी उन्हें कांटे चुभ रहे थे, तकिया आंसुओं से भीग गया था। खिड़की के पास जाकर वे अंधेरे में झांकते रहे जब तक कि वे इस दर्द के कारण लगभग शिथिल नहीं हो गये। और अंत में भावनाओं के वशीभूत वे जमीन पर गिर गये और चिल्ला पड़े, "ओ मां ! मैं कैसे नाम और यश की चिंता करूं जब मेरी मातृभूमि भंयकर गरीबी में डूबी है, हम गरीब भारतवासियों पर यह दु:खद प्रहार कैसे है कि हममें से लाखों लोग एक मुट्ठी भर अनाज के अभावमें मर रहे हैं और दूसरी ओर लोग लाखों रुपये अपनी सुख-सुविधाओं पर खर्च कर रहे हैं। भारत की जनता का भला कौन करेगा, कौन उन्हें रोटी देगा, गुझे रास्ता दिखाओं मां ! मैं कैसे उनकी सहायता करूं।"

इस कड़ी में एक प्रसंग यह भी है-

स्वामी जी के पश्चिम की यात्रा से लौटने के बाद बेल्लूर मठ में भी एक ऐसी घटना घटी। उनके एक अनुयायी भ्राता स्वामी विज्ञानन्द जी उनके साथ वाले कमरे में रहते थे। एकाएक स्वामीजी के सुबकियों से विज्ञानन्द जी की नींद खुल गई, वे स्वामी जी के कमरे की ओर दौड़े तो देखा स्वामी विवेकानन्द बुरी तरह रो रहे थे। उन्होंने पूछा, "क्या आपकी तबीयत ठीक नहीं है ?"

स्वामीजी चौंक गये और कहा, "मैंने सोचा आप सो रहे हो, नहीं, मेरे मित्र, मैं बीमार नहीं हूं, परन्तु मैं तब तक सो नहीं सकता जब तक मेरा भारत पीड़ित है। मैं रो रहा था और स्वामी रामकृष्ण से प्रार्थना कर रहा था कि, कब हम जल्दी ही अच्छे दिन देखेंगे।"

भारत और भारतवासियों के लिए स्नेह और प्यार की मूर्ति थे, अवतार थे।

प्रभु का द्वार और वेश्याएं

एक बार अमेरिका में एक व्यक्ति ने स्वामीजी से पूछा था, "स्वामी जी ! वेश्या तो अपवित्रता का भण्डार है उसके संसर्ग से समाज को बुराई के अतिरिक्त क्या मिल सकता है ?" तो स्वामीजी का उत्तर था, "मार्ग में उन्हें देख नाक भौं सिकोड़े। वस्तुत: वेश्याएं ढाल बनकर समाज की अनेक सतियों के सतीत्व की रक्षा कर रही हैं, अत: वे घृणा की नहीं, धन्यवाद की पात्र हैं।"

श्री रामकृष्ण परमहंस भी वेश्याओं से घृणा नहीं करते थे। अनेक वेश्याएं दक्षिणेश्वर दर्शन के लिए जाती थीं। हिन्दू से ईसाई बने रेवरण्ड मजूमदार इसकी आलोचना करते थें। इस विषय में स्वामीजी को किसी व्यक्ति का पत्र भी मिला था। स्वामीजी ने इस पर अपनी प्रतिक्रिया व्यक्त करते हुएलिखा, "वेश्याएं यदि दक्षिणेश्वर तीर्थ नहीं जाएंगी तो कहां जाएंगी। ईश्वर की पुण्यात्माओं की अपेक्षा पापियों के लिए विशेष कृपा है। जो लोग भगवान के घर जाकर भी 'वह वेश्या है' नीच जाति की है, वह छोटा है, इस प्रकार का विचार करते हैं, ऐसे व्यक्तियों का (जिन्हें तुम सज्जन कहते हो) संख्या जितनी कम हो, उतना ही अच्छा है। जो भक्त की जाति, व्यवसाय या योनि देखते हैं वो हमारे श्री रामकृष्ण को क्या समझेंगे। मेरी प्रभु प्रार्थना है कि उन्हें नमन करते शत-शत वेश्याएं आएं, भद्र पुरुष आएं या न आएं। वेश्याएं आएं, चोर-डाकू आएं, शराबी आएं, प्रभु का द्वार खुला है। "

स्वामीजी का देश प्रेम

अमेरिका में सर्व धर्म सम्मेलन के बाद स्वामी विवेकानन्द इंग्लैण्ड भी गए। उनके आध्यात्मिक व्यख्यानों का प्रभाव वहां भी द्रुतगति से बढ़ता गया। उनके अनेक शिष्य और प्रशसंक भी बने। उनमें एक थी कुमारी मारग्रेट नोवेल। अपनी शिक्षा पूर्णकरने के पश्चात् कुमारी नोवेल ने बच्चों के लिए स्कूल खोला था। वह स्वयं उस स्कूल में पढ़ाती थी तथा अन्य प्रबन्ध भी देखती थी। स्कूल में बच्चों की सुंदर स्वच्छ वर्दी थी। उनके बैठने, खिलौने, तैरने तक का उत्तम प्रबन्ध किया गया था। दोपहर का भोजन भी सभी बच्चों को दिया जाता था। भोजनकी गुणवत्ता का भी पूरा ध्यान रखा जाता था।

एक बार मारग्रेट नोवेल ने स्वामीजी से प्रार्थना की कि वे उसका स्कूल देखने के लिए पधारें। वह चाहती थी कि स्वामीजी उपदेश भी करें तथा विद्यालय में कोई कमियां दिखें तो उन्हें ठीक करने का सुझाव भी दें।

स्वामीजी ने एक दिन स्वयं कहा, "नोवेल, आज हम आपका स्कूल देखने के लिए चलेंगे। प्रवचन समाप्त होने के पश्चात् आप मुझे अपने साथ ले चलना।"

नोवेल बहुत प्रसन्न हुई। उसने सवारी का प्रबन्ध किया और स्वामीजी को अपने स्कूल ले गई। पहले स्वामीजी के जलपान का प्रबन्ध किया, फिर सभी कमरों से होते हुए अपना विद्यालय दिखलाया। बीच-बीच में वह पूछती भी जाती थी, "स्वामीजी सब

बढ़िया है न?" सब कमरे, सब बच्चे और सब शिक्षिकाएं तथा शिक्षक देख लिये। स्कूल के कमरों की सजावट, बैठने की बढ़िया व्यवस्था। कुर्सी, मेज, ब्लैक बोर्ड, डस्टर, चॉक सब प्रबन्ध बढ़िया। फिर हुआ लंच। सब बच्चों को स्कूल से ही मिलने वाला भोजन बहुत स्वादिष्ट, स्वच्छ और गुणकारी था। स्वामीजी को भी भोजन कराया गया।

इसके बाद विद्यालय की शिक्षिकाओं के साथ उन्हें कुछ वार्तालाप करना था। सब एकत्र हुए, परन्तु स्वामीजी प्रधानाचार्य कक्ष में समय पर नहीं पहुंचे। कुमारी मारग्रेट नोवेल उन्हें बुलाने गेस्ट रूम में कई तो वे यह देखकर बहुत हैरान हो गई कि स्वामीजी रो रहे थे। उनके आंसू रूकने का नाम नहीं ले रहे थे। पल भीर को चकित होकर वह स्तब्ध रह गई, परन्तु दूसरे ही क्षण उसने स्वामीजी से पूछा, "स्वामी जी! आपके रोने का कारण क्या है? क्या आपने कोई अनुचित बात देखी है या मुझसे कोई भूल हो गई? मेरे मुंह से गलत शब्द निकल गया कया?"

स्वामी विवेकानन्द बोले, " नहीं ऐसा कुछ भी नहीं है। चलिए, मैं चल रहा हूं।" नोवेल ने कहा, "नहीं! आप स्पष्ट बताइए, मुझे बेचैनी हो रही है। "

स्वामीजी बोले, "आपके विद्यालय के बच्चों को देखकर मुझे अपने देश के बच्चों की याद आ गई। उनके पढ़ने के लिए न बैठने का कोई प्रबन्ध है, और न ही सुविधाजनक भवन ही है।"

उन सबके पास पूरी पुस्तकें तक नहीं है। मेरे देश के बच्चों के भरपेट भोजन भी उपलब्ध नहीं है। पौष्टिक तथा गुणकारी भोजन का प्रबन्ध न विद्यालय में है, न घर पर है। उन्हीं की याद करके मेरी आंखों से आंसू उमड़ आए थे।

ऐसा प्रबल था स्वामीजी का देश प्रेम।

▣▣▣

नरेन्द्र ने इस तरह की मित्र की मदद

यह घटना 1880 की है। उन्होंने जनरल असेम्बली इन्स्टीट्यूशनल में एफ०ए० में प्रवेश लिया। उनके व्यक्तित्व से सहपाठी और अध्यापक सभी बड़े प्रसन्न थे। कुछ ही समय में अनके छात्र उनके अच्छे मित्रबन गये।

नरेन्द्र के सहपाठी हरिदास चट्टोपाध्याय के कॉलेज की फीस बकाया होने के कारण एफ०ए० की परीक्षा से वंचित किया जा रहा था। सीनियर क्लर्क राजकुमार के समक्ष

फीस जमा करने वालों की लाइन लगी थी। बकाया फीस माफी का फैसला राजकुमार ही ले सकता था। नरेन्द्र भीड़ को चीरता हुआ राजकुमार के सामने आ पहुंचा और उससे हरिदास की फीस माफ कर परीक्षा की अनुमति देने हेतु अनुरोध किया।

राजकुमार के नकारात्मक रवैए से हरिदास को अर्थाभाव के कारण निराशा हुई, किन्तु नरेन्द्र ने उसे ढांढस बंधाया।

शाम को नरेन्द्र ने राजकुमार का चरस के अड्डे पर आमना-सामना करते हुए हरिदास की फीस माफी का अनुरोध करते हुए यह भी कहा कि अस्वीकार करने पर राजकुमार की चरस के अड्डे पर आवा-जाही की बात वह सार्वजनिक कर देगा।

इस पर नरम पड़ते हुए राजकुमार ने कहा कि, भला वह उसकी (नरेन्द्र की) बात टालेगा। जाओ फीस माफ हो जाएगी, मात्र परीक्षा शुल्क देना होगा।

इस प्रकार चतुराई से नरेन्द्र ने अपने सहपाठी एवं मित्र की मदद की। उनमें दयालुता एवं दूसरों की मदद करने का संस्कार अपने माता-पिता से मिला था।

जब नरेन्द्र ने सीता-राम की मूर्ति छत से नीचे फेंक दी

नरेन्द्र को मां से रामायण, महाभारत आदि की कथाएं सुनना विशेष प्रिय था। उसके घर में प्राय: ये कथाएं होती रहती थीं। या तो कोई वृद्ध अथवा स्वयं मां भुवनेश्वरी देवी कथा पढ़ती। कथा चलते समय पास-पड़ोस की सभी महिलाएं एकत्र हो जाती। आश्चर्य की बात तो यह है कि शरारती नरेन्द्र उस समय शान्त होकर बैठे रहते। उस समय उन्हें देखकर लगता था, मानो कोई भक्त बैठकर कथा सुन रहा हो। रामायण की कथा से वह इतने प्रभावित हुए कि एक दिन स्वयं बाजार से भगवती सीता और राम की मूर्ति खरीद लाये और छत पर बने कमरे में उनकी स्थापना कर दी। वह उस एकान्त कक्ष में मूर्ति के समक्ष ध्यान मग्न होकर बैठे रहते।

नरेन्द्र नाथ के घर में कोचवान था। एक दिन उसके विवाह की बात चली। वह उस विवाह से सहमत नहीं था, अत: उसने वैवाहिक जीवन की बुराइयों को बखान कर दिया। बालक नरेन्द्र वहीं बैठे सब कुछ सुन रहा था। इससे वह अत्यधिक प्रभावित हुआ और मां के पास जाकर बोले, " मां ! मैं सीता-राम की पूजा कैसे करूं, सीताजी तो राम की पत्नी थी।" उनकी आंखों में आंसू देखकर मां ने उन्हें गोद में उठा लिया और बड़े प्यार

से बोली, "कोई बात नहीं बेटे ! सीता-राम की नहीं तो भगवान शिव की पूजा करना।" इसके बाद नरेन्द्र उस कमरे में गये, जहां मूर्ति स्थापित की गयी थी। उन्होंने वह मूर्ति उठा ली ओर छत से नीचे फेंक दी।

नरेन्द्र नाथ ने जिस कमरे में सीता-राम की मूर्ति फेंक दी थी, उसमें फिर शिव जी की मूर्ति स्थापित कर दी थी। अब वह शिव के सामने ध्यान लगाने लगे थे।

वास्तव में बालक नरेन्द्र आरंभ से तार्किक बुद्धि के स्वामी थे। प्रत्येक अतार्किक परम्परा का कारण पूछना नरेन्द्र का बचपन से ही स्वभाव था। अपनी शंका का समाधान खोजने के लिए वो दिन-रात एक कर देते और जब तक संतोषजनक उत्तर नहीं मिलता तब तक शांत न होते। समय बीतने के साथ-साथ उनकी यह आदत बढ़ती गयी।

पिता की सीख

नरेन्द्र के जीवन में उनके माता-पिता का गुरु समान स्थान था।

एक ओर नरेन्द्र की मां भुवनेश्वरी देवी ने उन्हें स्नेहपूर्ण संस्कार दिए तो दूसरे और पिता विश्वनाथ दत्त ने अनुशासन द्वारा नरेन्द्र को संयम का पाठ पढ़ाया।

विश्वनाथ दत्त का स्वभाव था कि वे अपने पास आने वाले हर इंसान को सहारा देने के लिए हमेशा तैयार रहा करते थे। कई लोग उनके घर में महीनों तक ठहरते थे और उनका सारा खर्च विश्वनाथ दत्त ही उठाया करते थे। इन सब कारणों से परिवार में कभी पैसे की बचत नहीं हो पाई।

यह देखकर एक बार नरेन्द्र ने अपने पिता से आवेश में पूछा, "आप हमारे लिए क्या छोड़कर जाएंगे ?" तो विश्वनाथ दत्त ने कहा, "जरा उठकर दीवार पर टंगे आइने में देखो कि मैं तुम्हारे लिए क्या छोड़ जाऊंगा।"

नरेन्द्र ने आइने में अपना ही प्रतिबिम्ब देखा और कहा, "अरे हां ! मेरे लिए तो मैं स्वयं हूं। मेरे पिता ने मुझे इस लायक बनाया है कि मैं स्वयं की जिम्मेदारी खुद ले सकूं।"

वे पिता का आशय समझ गए और फिर उन्होंने दोबारा कभी यह प्रश्न नहीं पूछा।

विश्वनाथ दत्त का हृदय विशाल था इसलिए वे खुलकर खर्च करते थे। अपने समाज में वे 'दाता' के रूप में जाने जाते थे। एक पिता के रूप में वे नरेन्द्र के आदर्श थे।

जब नरेन्द्र ने मां को कहे अपशब्द

एक बार किसी कारणवश नरेन्द्र ने अपनी मां से कुछ बाल सुलभ अपशब्द कह दिए। ऐसे में कोई आम पिता अपने बेटे को दण्ड देता या जमकर फटकारता लेकिन विश्वनाथ बाबू ने ऐसा कुछ नहीं किया।

उस दिन जब नरेन्द्र के कुछ मित्र उनके घर खेलने के लिए आए तो विश्वनाथ बाबू ने कोयले से उनके कमरे के दरवाजे पर लिख दिया कि, ' आज नरेन्द्र ने अपनी मां से ऐसे-ऐसे अपशब्द कहे हैं। '

इस बात से नरेन्द्र को जो आत्मग्लानि महसूस हुई, उसने उनमें पश्चाताप और सोच-समझकर बोलने का गुण विकसित किया।

इन्हीं कारणों से नरेन्द्र के मन में अपने माता-पिता के लिए बहुत श्रद्धा थी। मित्रों के सामने अपने माता-पिता को लेकर वे बहुत गर्व महसूस करते थे। इसी से उनमें आत्म गौरव की भावना जागी।

बालक नरेन्द्र का पहला भाषण

एक होशियार छात्र होने के कारण नरेन्द्र विद्यालय में बच्चों की बीच किसी लीडर जैसी हैसियत रखते थे। एक महान वक्ता के सारे गुण उनमें बचपन से ही मौजूद थे।

विद्यालय में उन्होंने एक भाषण भी दिया था।

वास्तव में उनक एक शिक्षक विद्यालय छोड़कर जा रहे थे ओर उनके सम्मान में मंच पर जाकर विदाई भाषण देना था। लेकिन कोई भी छात्र इसके लिए तैयार नहीं था क्योंकि वहां मुख्य वक्ता और अतिथि के रूप में सुरेन्द्रनाथ बैनर्जी जैसो महान इंसान मौजूद था। उनकी उपस्थिति में कोई भी भाषण देने की हिम्मत नहीं जुटा पा रहा था। तब नरेन्द्र आगे आए और उस शिक्षक के बार में मंच पर करीब आधे घण्टे तक अंग्रेजी में भाषण दिया। यह उनका पहला भाषण था।

जिस निडरता और आत्मविश्वास में उन्होंने भाषण दिया, उससे न केवल उनके सहपाठी और शिक्षक बल्कि खुद सुरेन्द्रनाथ बैनर्जी भी बहुत प्रभावित हुए।

नरेन्द्र का यह पहला भाषण भविष्य में होने वाली विश्व धर्म सभा की छोटी तैयारी थी।

▣▣▣

जॉन रॉकफेलर का घमण्ड हुआ चूर-चूर

यह घटना 1894 और 1896 के समय के बीच की है। उन दिनों स्वामी विवेकानन्द शिकागो की विश्व परिषद में नाम कमाकर दर्शनशास्त्र के महान पंडित और योगी के रूप में सारे अमरीका में प्रसिद्धि पा चुके थे।

श्री रॉकफेलर के मित्रों ने उनसे आग्रह किया कि वे स्वामी जी से मिलें। लेकिन रॉकफेलर में अहंकार और पैसे की अकड़ थी। सो उन्होंने कई बार इस सुझाव को ठुकरा दिया। लेकिन अंत में मित्रों के आग्रह का मान रखते हुए वे शिकागो में स्वामीजी से मिलने पहुंच गये।

वहां द्वारपाल को बाजू में सरकाते हुए उन्होंने कहा, "मुझे स्वामी से मिलना है" और दस्तक दिये बिना ही वे स्वामीजी के कमरे में घुस गये।

स्वामीजी कुर्सी पर बैठे कुछ लिख रहे थे। रॉकफेलर को बड़ा आश्चर्य हुआ कि स्वामी ने न तो कुछ पूछा न ही ऊपर की ओर देखा कि कौन आया है। इससे वे कुछ सहम से गये। शायद उन्हें अपमानित-सा लगा और गुस्सा भी आया। कुछ देर पश्चात स्वामीजी ने श्री रॉकफेलर के पिछले जीवन के संबंध में अनेक तथ्य उद्धृत किये जो सिवाय रॉकफेलर या उनके कुछ एक करीबी मित्रों को छोड़

किसी अन्य को पता होना असम्भव सा था। स्वामीजी ने यह भी सीख दी कि पैसा आपके पास विश्वस्त के रूप में आया है। वह तो ना आपका है ना ही आप उसके मालिक या हकदार हो। आपका तो बस इतना ही कार्तव्य बनता है कि वह धन लोक कल्याण में लगायें। खुद केवल एक माध्यम बनें और समाज कल्याण और उन्नति ही ध्येय रखें। धन देकर ईश्वर ने उन पर उपकार-सा किया है। इसलिये समाज सेवा के माध्यम से वे उसका ऋण उतारने का प्रयास करें। धन का योग्यता के अनुरूप दान करना ही मनुष्य का धर्म है और महानताकी निशानी है।

श्रीमंत जॉन डी रॉकफेलर ने ऐसा व्यवहार ना तो कभी देखा था ना कभी सोचा था। वे तो समझते थे कि उनकी उपस्थिति में सामने का व्यक्ति उन्हें सलाम करता है और अपने

आप को धन्य समझता है। पर यहां तो उलटा ही दृष्य देखने को मिला। स्वामीजी ने कोई हड़बड़ी नहीं जताई। कोई मान-सम्मान का इजहार नहीं किया। मानो एक सामान्य व्यक्ति उनसे मिलने आया हो।

रॉकफेलर कुछ चिढ़ से गये। स्वामी को अलविदा भी नहीं कहा और वे गुस्से में वहां से चल दिये। एक सप्ताह के बाद श्रीमंत जॉन डी रॉकफेलर फिर उसी भांति बिना इजाजत मांगे स्वामीजी के कमरे में पहुंच गये। इस एक सप्ताह में श्रीमंत जॉन डी रॉकफेलर ने अपनी असीम संपत्ति में से कुछ एक अंश दान के लिये अलग निकाल रखा था। समाज सेवा और विकास के कार्यो में धन लगाने की योजना बनाई थी। उस योजना को दर्शाने वाले कागजात स्वामीजी को दिखाने वे साथ लाये थे। दस्तावेज स्वामीजी के टेबल पर फेंकते हुए उन्होंने कहा, "लो स्वामीजी देखो अब तो तुम खुश हो कि मैं बहुता-सा धन दान और सहायता के रूप में बांटने जा रहा हूं।"

स्वामी विवेकानन्द ने सहजता से उन कागजात को देखा और अपने चिरपरिचित शांत और धीर-गंभीर स्वर में कहा " मैं आपको क्यों धन्यवाद दूं? बल्कि इस नेक कार्य के लिये प्रवृत्त करने के लिये तो आपको ही मुझे धन्यवाद करना चाहिये।"

ईश्वर का धन ईश्वर की सन्तान के उद्धार और सेवा में लगाना स्वामीजी के लिये सहज और योग्य व्यवहार था। उनके लिये इसमें अपने आप को महान दानी मनना अहंकार का प्रतीक था। इसलिये स्वामीजी ने श्री रॉकफेलर से कहा कि अपने आप को महान मानने का कोई कारण नहीं। शुक्रिया उस ईश्वर का अदा करो, उस ईश्वर के प्रति कृतज्ञता का भाव मन में लाओ जिसने तुम्हें धन, मान और सम्मान दिया है। साथ में इस धन को अच्छे कार्य में लगाने सदबुद्धि और समझ भी दी है।

यह थी स्वामी विवेकानन्द और श्रीमंत जॉन डी रॉकफेलर की पहली भेंट और यहीं से शुरू होती है कल्याणकारी रॉकफेलर फाण्डेशन की दास्तान।

गुरु ने नरेन्द्र की अन्तिम शंका का समाधान किया

श्री रामकृष्ण देव के देहावसान से दो दिन पूर्व की बात है। नरेन्द्र के मन में एक शंका उत्पन्न हुई। परमहंस के कुछ एकनिष्ठ भक्त उन्हें साक्षात् ईश्वर मानते थे। पर नरेन्द्रनाथ को इसमें सन्देह था। वह सोचता, क्या यह सत्य है ? वह इस समस्या का समाधान गुरुदेव के जीवनकाल में कर लेना चाहता था। परमहंस के लिए तो सभी कुछ ज्ञानगम्य था। नरेन्द्र के मन का यह भाव भी उनसे कैसे छिपा रहता। उन्होंने आंखें खोलकर नरेन्द्र की ओर देखकर कहा, "नरेन्द्र, अभी तक तुझे विश्वास नहीं हुआ। राम और कृष्ण की एकीभूत समाप्ति ही राम-कृष्ण है, तेरे वेदान्त की दृष्टि से नहीं, साक्षात्।"

सुनते ही नरेन्द्र एकदम चौंक पड़ा। उसके विस्मय का पारावार नहीं था। उसके मन के भाव के अन्त:प्रज्ञा से जानकर, अपनी इहलीला समाप्त करने से पूर्व अन्तिम शंका का समाधान कर दिया।

◘◘◘

स्वामी विवेकानन्द से जुड़े कुछ रोचक तथ्य

- स्वामी विवेकानन्द के बचपन का नाम नरेन्द्रनाथ दत्ता था। उनका जन्म 12 जनवरी 1863 को कलकत्ता के बंगाली परिवार में हुआ था।
- उनके पिता विश्वनाथ दत्ता कलकत्ता हाई कोर्ट में काम करते थे और उनकी माता गृहिणी थी।
- विवेकानन्द एक साधारण बालक थे लेकिन उन्हें पढ़ने में काफी रूचि थी। उन्हें वेद, उपनिषद, भगवत गीता, रामायण, महाभारत और पुराण में काफी रूचि थी।
- नरेन्द्रनाथ ईश्वर चन्द्र विद्यासागर इंस्टिट्यूट में पढ़ते थे। बाद में उन्होंने प्रेसीडेंसी कॉलेज से एंट्रेंस की परीक्षा पास की। उन्होंने स्कॉटिश चर्च कॉलेज से पश्चिमी इतिहास और पश्चिमी दर्शनशास्त्र का भी अभ्यास कर रखा था। 1884 में उन्होंने अपनी बैचलर की डिग्री पूरी की।
- बाद में विवेकानन्द ब्रह्म समाज के सदस्य बने और भगवान् को पाने के रास्ते ढूंढने लगे।
- विवेकानन्द हमेशा लोगो से उनके भगवान और धर्म पर विचारो को पूछते है, लेकिन किसी भी व्यक्ति का जवाब उन्हें संतुष्ट नही कर पाता। उन्हें अपने प्रश्न का जवाब रामकृष्ण से मिला। नवम्बर 1881 में पहली बार वे स्वामी रामकृष्ण से मिले थे। और यही उनके जीवन का टर्निंग पॉइंट भी था। तभी से उन्होंने रामकृष्ण को अपना गुरु माना था।
- 16 अगस्त 1886 को रामकृष्ण की मृत्यु हो गयी। रामकृष्ण ने विवेकानन्द को सिखाया था की इंसानों की सेवा करना भगवान् की पूजा करने से भी बढ़कर है।
- रामकृष्ण की मृत्यु के बाद, विवेकानन्द ने रामकृष्ण की जवाबदारिया अपने सिर ले ली। उन्होंने उनके मठ को बारानगर में स्थानांतरित किया। 1899 में

बारानगर का मठ बेलूर में स्थानांतर हुआ। और अब वह मठ बेलूर मठ के नाम से भी जाना जाता है।

- नरेन्द्रनाथ से विवेकानन्द का नाम उन्हें खेत्री के महाराजा अजित सिंह ने दिया था।
- 1888 में विवेकानन्द ने भारत भ्रमण शुरू किया। 5 सालों तक वे पूरे भारत में घूमते रहे और भारत में अलग-अलग तरह के लोगों के साथ रहे।
- जुलाई 1893 में विवेकानन्द जी शिकागो गये। उस समय वहा विश्व सर्व धर्म सम्मलेन का आयोजन किया गया था। लेकिन किसी वजह से उन्हें पहले बोलने का अवसर नही दिया गया। लेकिन बाद में कुछ समय बाद प्रोफेसर जॉन हेनरी की सहायता से उन्हें बोलने का मौका मिल ही गया।
- 11 सितम्बर 1893 को विश्व धर्म सम्मलेन में उन्होंने हिंदुत्व पर अपना पहला भाषण दिया। उन्होंने अपने भाषण की शुरुआत "सिस्टर एंड ब्रदर्स ऑफ़ अमेरिका" से की। ये सुनते ही वहा उपस्थित सभी लोगो ने उनके लिये खड़े होकर जोरो से तालियां बजायी। उस समय लगभग वह 7 हज़ार लोग एकत्रित हुए थे।
- शिकागो के भाषण के बाद, उन्होंने विश्व भर में काफी भाषण दिए और काफी लोगों से मिले। जैसे की भगिनी निवेदिता, मैक्समूलर, पॉल ड्यूसेन इत्यादि।
- 1897 में वे भारत वापस आये। भारत में भी उन्होंने काफी भाषण दिए। वे सामाजिक मुद्दों पर भी भाषण दिया करते थे। उस समय उनके भाषणों का महात्मा गांधी, सुभाष चन्द्र बोस जैसे नेताओ पर काफी प्रभाव पड़ा था।
- 1 मई 1897 को उन्होंने रामकृष्ण मिशन की स्थापना की।
- 1899 में ख़राब हालत होते हुए भी उन्होंने दक्षिण की यात्रा की। अपनी इस यात्रा में उन्होंने सेन फ्रांसिस्को और न्यू यॉर्क में वेदांत सोसाइटी की स्थापना की और कैलिफ़ोर्निया में शांति आश्रम की स्थापना की।
- उन्होंने कई किताबें लिखी हैं- कर्म योग (1896), राज योग (1896), वेदांत शास्त्र (1896), कोलम्बो से अल्मोरा तक के भाषण (1897), भक्ति योग इत्यादि।
- उन्होंने साल 1893 में अमेरिका स्थित शिकागो में सनातन धर्म का प्रतिनिधित्व करते हुए अपने भाषण की शुरुआत 'मेरे अमरीकी भाइयों एवं बहनों' वाक्य के साथ की, जिससे सभी का दिल जीतने में सफल हुए।

- स्वामी जी सादगी और ब्रहमचार्य जीवन में विस्वास रखते थे।
- स्वामी विवेकानन्द ने 11 सितम्बर को "विश्व भाईचारा दिवस" के लिए जोर दिया था और इस बारे में शिकागो धर्म संसद में अपना भाषण दिया था।
- स्वामी विवेकानन्द ने भविष्यवाणी की थी कि वे 40 वर्ष की आयु प्राप्त नहीं कर सकेंगे। उनकी यह बात तब सच साबित हो गई जब 4 जुलाई 1902 को उनकी मृत्यु 39 वर्ष की उम्र में ही हो गई। उन्होने समाधि की अवस्था में अपने प्राण त्यागे। उनके निधन की वजह तीसरी बार दिल का दौरा पड़ना था।
- स्वामी विवेकानन्द को 31 बीमारियां थी। एक बीमारी उनका निद्रा रोग से ग्रसित होना भी था।
- उनके जन्मदिन (12 जनवरी) को भारत में राष्ट्रीय युवा दिवस के रूप में मनाया जाता है।

स्वामी विवेकानन्द की अनमोल शिक्षाएं

देश के लाखों युवा मर-मिटने को तैयार हैं। देश के लिये यह भावना अच्छी है, लेकिन हर काम और हर संकल्प के लिये जरूरी है आपके खुद के नैतिक एवं जीवन मूल्य। और इनकी बात आते ही सबसे पहले नाम जहन में आता है स्वामी विवेकानन्द का। क्या आप जानते हैं स्वामी विवेकानन्द के बारे में ये खास बातें।

- उठो जागो, रुको नहीं... उठो, जागो और तब तक रुको नहीं जब तक मंजिल प्राप्त न हो जाये।
- तूफान मचा दो तमाम संसार हिल उठता। क्या करूं धीरे-धीरे अग्रसर होना पड़ रहा है। तूफ़ान मचा दो तूफ़ान!
- 'अनुभव ही शिक्षक जब तक जीना, तब तक सीखना', अनुभव ही जगत में सर्वश्रेष्ठ शिक्षक है।
- पवित्रता और दृढ़ता पवित्रता, दृढ़ता तथा उद्यम- ये तीनों गुण मैं एक साथ चाहता हूं।
- ज्ञान और आविष्कार ज्ञान स्वयं में वर्तमान है, मनुष्य केवल उसका आविष्कार करता है।

- मस्तिष्क पर अधिकार जब कोई विचार अनन्य रूप से मस्तिष्क पर अधिकार कर लेता है तब वह वास्तविक भौतिक या मानसिक अवस्था में परिवर्तित हो जाता है।
- आध्यात्मिक दृष्टि से विकसित हो चुकने पर धर्मसंघ में बना रहना अवांछनीय है। उससे बाहर निकलकर स्वाधीनता की मुक्त वायु में जीवन व्यतीत करो।
- हमारी नैतिक प्रकृति जितनी उन्नत होती है, उतना ही उच्च हमारा प्रत्यक्ष अनुभव होता है, और उतनी ही हमारी इच्छा शक्ति अधिक बलवती होती है।
- लोग तुम्हारी स्तुति करें या निन्दा, लक्ष्मी तुम्हारे ऊपर कृपालु हो या न हो, तुम्हारा देहान्त आज हो या एक युग मे, तुम न्यायपथ से कभी भ्रष्ट न हो।
- किसी के सामने सिर मत झुकाना तुम अपनी अंत:स्थ आत्मा को छोड़ किसी और के सामने सिर मत झुकाओ। जब तक तुम यह अनुभव नहीं करते कि तुम स्वयं देवों के देव हो, तब तक तुम मुक्त नहीं हो सकते।

स्वामी विवेकानन्द के व्यक्तित्व के महान गुण

प्राचीन भारत से लेकर वर्तमान समय तक यदि किसी शख्सियत ने भारतीय युवाओं को सबसे ज्यादा प्रभावित किया है तो वो है स्वामी विवेकानन्द। विवेकानन्द एक ऐसा व्यक्तितत्व है, जो हर युवा के लिए एक आदर्श बन सकता है। उनकी कही एक एक बात पर यदि कोई अमल कर ले तो शायद उसे कभी जीवन में असफलता व हार का मुंह ना देखना पड़े। आज हम आपको स्वामी विवेकानन्द के व्यक्तित्व के 9 ऐसे गुण बता रहे है जिनको अपना कर कोई भी इंसान अपनी ज़िन्दगी के हर क्षेत्र में सफल हो सकता है।

- खुद पर विश्वास करो- स्वामी विवेकानन्द के मुताबिक आज के दौर में नास्तिक वह है, जिसे खुद पर भरोसा नहीं, न कि केवल वो जो भगवान को न मानें। यानी आत्मविश्वास सफलता का सबसे बड़ा सूत्र है। आत्मविश्वास का भी सही मतलब यह है कि खुद में मौजूद भगवान के अलावा मन, बुद्धि, चित्त और अहंकार से पैदा मैं पर भी भरोसा रखें तो बेहतर है।
- ताकतवर बनो- स्वामी विवेकानन्द ने शरीर की ताकत को मन के साथ

आध्यात्मिक तौर पर मजबूत बनाने व आत्मविश्वास बढ़ाने के लिए जरूरी माना। इसके लिए उन्होंने यहां तक कहा कि कृष्ण या गीता की ज्ञान की शक्ति को समझने के लिए पहले शरीर को मजबूत बनाएं। इसके लिए गीता पढ़ने से पहले फुटबॉल खेलकर ताकतवर बनने की नसीहत दी ताकि युवा फौलादी बनें और मजबूत संकल्प के साथ धर्म समझ सकें। साथ ही, अधर्म से मुकाबला कर सकें।

- खुद को कमजोर या पापी न मानें- आत्मविश्वास बढ़ाने के लिए जरूरी है कि कभी भी ऐसी सोच खुद के लिए न बनाएं कि मैं परेशान, कमजोर, पापी, दुःखी, शक्तिहीन हूं। कुछ भी करने की ताकत नहीं रखता, क्योंकि वेदान्त भूल को मानता है, पाप को नहीं। इसलिए ऐसी बातें सोचना भी भूल ही है। इसलिए खुद को शेर मानकर जिएं न कि भेड़।
- संयम- इंसानियत सबसे बड़ा धर्म है। इंसान बनने के लिए सबसे पहला कदम है- खुद पर काबू रखना यानी संयम। ऐसा करने वाले पर किसी भी बाहरी चीज या व्यक्तियों का असर नहीं होता। इससे ही धीरज, सेवा, शुद्धता, शांति, आज्ञा मानने, इंद्रिय संयम व मेहनत के भाव पनपते हैं।इन बातों से तनाव कम, प्रेम ज्यादा और काम बेहतर होगा। सूत्र यही है कि पहले खुद मनुष्य बनों फिर दूसरों को मनुष्य बनाने में मदद करो। शासन करने के बजाए पहले खुद अनुशासित रहने की सोच रखें। लड़कियां भी सीता-सावित्री की तरह पवित्र जीवन जिएं।
- उम्मीद न छोड़ें- निराश न हों। हमेशा खुश रहें। मुस्कराते रहना देव उपासना की तुलना में भगवान के ज्यादा करीब ले जाता है।
- निडरता- स्वामी विवेकानन्द के मुताबिक हर इंसान की एक बार ही मृत्यु होती है। इसलिए मेरा कोई बड़ा काम करने के लिए जन्म हुआ है। यह सोचकर बिना किसी से डरे, बिना किसी कायरता के चाहे वज्रपात भी हो तो अपने काम में साहस के साथ लगे रहें।
- अपने पैरों पर खड़े हों- किस्मत के भरोसे न बैठे, बल्कि पुरुषार्थ यानी मेहनत के दम पर खुद की किस्मत बनाएं। खड़े हो जाओ, साहसी बनो और शक्तिमान बनो। इस सूत्र वाक्य के जरिए यही रास्ता बताया कि खुद जिम्मेदारी उठाओ। सारी शक्ति खुद के पास है, इसलिए खुद ही अपने सबसे बड़े मददगार हो। दरअसल, जो आज है वह पिछले जन्म में किए कामों को नतीजा है। इसलिए बेहतर कल के लिए आज के काम नियत करें। इस तरह अपना भविष्य बनाना

आपके हाथ में हैं।

- स्वार्थी नहीं सेवक बनें- प्रेम जिंदगी व स्वार्थ मृत्यु है। इसलिए जिनको सेवा करने की चाहत हैं वे सारे स्वार्थ, खुशी, गम, नाम व यश की चाहतों की पोटली बनाकर समुद्र में फेंक दें। इस तरह सेवा के लिए त्याग व त्याग के लिए स्वार्थ छोड़ना जरूरी है। मतलब निस्वार्थ होने से ही धर्म की परख होती है।
- आत्मशक्ति को पहचाने और जगाएं- नाकामियों से बेचैन होने या थोड़ी सी कामयाबी से संतुष्ट होकर बैठने के बजाए लगातार आगे बढें। स्वामीजी का सूत्र वाक्य उठो, जागो और लक्ष्य पाने तक नहीं रुको, यही सबक देता है, जो आत्मशक्ति को जगाने से मुमकिन है। आत्मशक्ति को जगाने के लिए बाहरी और भीतरी चेतना को कर्म, उपासना, संयम व ज्ञान में कोई भी एक या सभी को जरिया बना वश में करें। इसे ही जिंदगी का अहम लक्ष्य मानकर आत्मानो मोक्षार्यं जगद्धिताय च" की भावना के साथ खुद के साथ दूसरों को भी जीवन की सार्थकता और मुक्ति की राह बताएं।

व्यक्तित्व एवं राष्ट्र निर्माण पर विवेकानंद के कालजयी विचार

स्वामी विवेकानंद एक व्यक्तित्व नहीं, एक बुनियाद हैं। ऐसी बुनियाद जिस पर भारत का विराट सांस्कृतिक महल खड़ा है। स्वामी विवेकानंद ने अध्यात्म, वैश्विक मूल्यों, धर्म, चरित्र निर्माण शिक्षा एवं समाज को बहुत विस्तृत एवं गहरे आयामों से विश्लेषित किया है। भारत के ही नहीं, बल्कि विश्व के युवाओं के लिए उनके विचार प्रासंगिक एवं अनुकरणीय हैं। उनके विचार आज के विखंडित एवं पथभ्रष्ट समाज को जोड़ने के लिए रामबाण औषधि हैं।

स्वामीजी ने शिक्षा को समाज की रीढ़ माना है। उनके अनुसार शिक्षा मनुष्यता की संपूर्णता का प्रदर्शन है। स्वामीजी ने कहा है कि जो शिक्षा मनुष्य में आत्मनिर्भरता एवं आत्मविश्वास न जगाए, उस शिक्षा का कोई औचित्य नहीं है। शिक्षा से व्यक्तित्व का निर्माण, जीवन जीने की दिशा एवं चरित्र निर्माण होना चाहिए।

धर्म की व्याख्या करते हुए स्वामीजी ने कहा है कि धर्म हमेशा मनुष्य को सद्विचार एवं आत्मा से जोड़ता है। धर्म वह विचार एवं आचरण है, जो मनुष्य के अंदर की पशुता

को इंसानियत में और इंसानियत को देवत्व में बदलने की सामर्थ्य रखता है। उन्होंने सभी धर्मों का सार सत्य को बताया है एवं उसके आचरण की प्रेरणा दी है।

स्वामी विवेकानंद ने युवाओं को चरित्र निर्माण की ओर प्रेरित करते हुए कहा है कि प्रत्येक मनुष्य जन्म से ही दैवीय गुणों से परिपूर्ण होता है। ये गुण सत्य, निष्ठा, समर्पण, साहस एवं विश्वास से जाग्रत होते हैं। इनको अपने आचरण में लाने से व्यक्ति महान एवं चरित्रवान बन सकता है। मनुष्य को महान बनने के लिए संदेह, ईर्ष्या एवं द्वेष छोड़ना होगा।

स्त्री विमर्श पर चर्चा करते हुए स्वामीजी ने कहा है कि आत्मा का कोई लिंग नहीं होता है अत: स्त्री एवं पुरुष का विबेध प्राकृतिक नहीं है, ये सिर्फ शरीर का विबेध है, जो ईश्वर द्वारा मान्य नहीं है। अत: समाज में स्त्रियों को वही सम्मान एवं स्थान मिलना चाहिए, जो पुरुष का है। हमें स्त्री एवं पुरुष के भेद को त्यागना होगा और प्रत्येक को मानव रूप में एकात्म दृष्टि से देखना होगा। स्वामीजी के अनुसार जब तक विश्व में महिलाओं की बेहतरी के लिए काम नहीं होगा तब तक विश्व का कल्याण संभव नहीं है।

स्वामीजी के अनुसार युवा किसी भी देश की सबसे बहुमूल्य संपत्ति होता हैं। उन्होंने युवाओं को अनंत ऊर्जा का स्रोत बताया है। उन्होंने कहा है कि अगर युवाओं की उन्नत ऊर्जा को सही दिशा प्रदान कर दी जाए तो राष्ट्र के विकास को नए आयाम मिल सकते हैं। स्वामीजी कहा करते थे कि जिसके जीवन में ध्येय नहीं है, जिसके जीवन का कोई लक्ष्य नहीं है, उसका जीवन व्यर्थ है। लेकिन हमें एक बात का ध्यान रखना चाहिए कि हमारे लक्ष्य एवं कार्यों के पीछे शुभ उद्देश्य होना चाहिए।

स्वामी विवेकानंदजी ने युवा वर्ग को चरित्र निर्माण के 5 सूत्र दिए- आत्मविश्वास, आत्मनिर्भरता, आत्मज्ञान, आत्मसंयम और आत्मत्याग। उपयुक्त 5 तत्वों के अनुशीलन से व्यक्ति स्वयं के व्यक्तित्व तथा देश और समाज का पुनर्निर्माण कर सकता है। जिसने निश्चय कर लिया, उसके लिए केवल करना शेष रह जाता है।

स्वामी विवेकानंद ने कहा था कि जीवन में एक ही लक्ष्य साधो और दिन-रात उस लक्ष्य के बारे में सोचो और फिर जुट जाओ उस लक्ष्य की प्राप्ति के लिए। हमें किसी भी परिस्थिति में अपने लक्ष्य से भटकना नहीं चाहिए।

स्वामी विवेकानंदजी कहा करते थे कि आदर्श को पकड़ने के लिए सहस्र बार आगे बढ़ो और यदि फिर भी असफल हो जाओ तो एक बार नया प्रयास अवश्य करो। इस आधार पर सफलता सहज ही निश्चित हो जाती है।

हिन्दू धर्म को स्वामीजी ने राष्ट्रीय एवं अंतरराष्ट्रीय मंच पर पहचान दी है। 19वीं

शताब्दी के अंत तक विश्व भारत के बारे में बहुत कम जानता था। अंग्रेजों एवं ईसाई मिशनरियों ने भारत के बारे में कई भ्रांतियां फैलाईं, जैसे कि भारत असभ्य एवं सपेरों का देश है, यहां पर बुराइयों की भरमार है, लोग जंगली एवं बुरी परंपराओं को मानते हैं आदि-आदि।

स्वामीजी ने इन भ्रांतियों को दो स्तरों पर दूर किया। प्रथम उन्होंने भारत में बंटे हिन्दू समुदायों को एक मंच पर एकत्रित कर हिन्दू धर्म का सार समझाया, वहीं दूसरी ओर पश्चिमी देशों की यात्रा कर भारत के बारे में जो भ्रांतियां फैलीं थीं उन्हें दूर किया। उन्होंने भारत के वैभवशाली सांस्कृतिक परंपराओं की ध्वज पताका पूरे विश्व में फैलाई।

स्वामी विवेकानंद ने गरीबी को भोगा था अत: वे जानते थे कि जब तक भारत में गरीबी का निर्मूलन नहीं होगा, तब तक भारत का सांस्कृतिक और भौतिक विकास संभव नहीं है। एक बार वे गरीबी से तंग आकर अपने गुरु स्वामी रामकृष्ण परमहंस के पास पहुंचे एवं गरीबी से निजात दिलाने की बात कही। स्वामी रामकृष्ण ने उनसे कहा कि जा मां दक्षिणेश्वर काली से जाकर धन मांग ले।

स्वामी विवेकानंद जब मूर्ति के समक्ष गए तो उनकी समाधि लग गई एवं उनके मुंह से सिर्फ एक वाक्य निकला- 'मां मुझे ज्ञान और वैराग्य दो'। यह प्रक्रिया उन्होंने 3 बार दोहराई एवं तीनों बार उनके मुंह से केवल वही वाक्य निकला कि 'मां मुझे ज्ञान और वैराग्य दो'। तब स्वामी रामकृष्ण ने उन्हें समझाया कि उनका जन्म भौतिक सुख-सुविधा भोगने के लिए नहीं हुआ है, बल्कि गरीबों को ऊंचा उठाने के लिए हुआ है।

उनका मानना था कि सदियों के शोषण के कारण गरीब जनता मानव होने तक का अहसास खो चुकी है। वे स्वयं को जन्म से ही गुलाम समझते हैं। इसी कारण इस वर्ग में विश्वास एवं गौरव जागृत करने की महती आवश्यकता है। उनका यह दृढ़ विश्वास था कि कमजोर व्यक्ति वह होता है, जो स्वयं को कमजोर समझता है और इसके विपरीत जो व्यक्ति स्वयं को सशक्त समझता है वह पूरे विश्व के लिए अजेय हो जाता है।

स्वामी विवेकानंद का प्रत्येक भारतीय के लिए संदेश था- 'जागो, उठो और तब तक प्रयत्न करो जब तक कि लक्ष्य प्राप्त न हो।'

राष्ट्रीय एकता के बारे में स्वामी विवेकानंद ने कहा है कि भले ही भारत में भाषायी, जातिवाद ऐतिहासिक एवं क्षेत्रीय विवधताएं हैं लेकिन इन विविधताओं को भारत की सांस्कृतिक एकता एक सूत्र में पिरोये हुए है। उन्होंने भारत के विभिन्न हिस्सों में जाकर अपने भाषणों में धार्मिक चेतना को जगाने एवं दलित, शोषित व महिलाओं को शिक्षित कर उन्हें राष्ट्र निर्माण में योगदान देने की बात कही है। स्वामी विवेकानंद एक सच्चे

राष्ट्रभक्त थे और उन्हें अपनी राष्ट्रीयता पर गर्व भी था।

भारतीय संस्कृति एवं भारतीय धर्म के प्रति उनका गर्व एवं आदर शिकागो के धर्म संसद में उनके द्वारा दिए गए संभाषण से ज्ञात होता है, जब उन्होंने कहा था कि 'मैं एक ऐसे धर्म का अनुयायी होने में गर्व का अनुभव करता हूं जिसने संसार को सहिष्णुता तथा सार्वभौम स्वीकृति दोनों की शिक्षा दी है...। मुझे एक ऐसे देश का व्यक्ति होने का अभिमान है जिसने इस पृथ्वी के समस्त धर्मों और देशों के उत्पीड़ितों और शरणार्थियों को आश्रय दिया है।'

और फिर इतिहास में जाते हुए उन्होंने कहा कि 'मुझे आपको यह बतलाते हुए गर्व होता है कि हमने अपने वक्ष में यहूदियों के विशुद्धतम अविशिष्ट अंग को स्थान दिया जिन्होंने दक्षिण भारत आकर इसी वर्ष शरण ली थी जिस वर्ष उनका पवित्र मंदिर रोमन जाति के अत्याचार से धूल में मिल गया था। ऐसे धर्म का अनुयायी होने में मैं गर्व अनुभव करता हूं जिसने महान जरथ्रुष्ट जाति के अवशिष्ट अंश को शरण दी और जिसका पालन वह अब तक कर रहा है।'

वर्तमान पीढ़ी परिवर्तन के दौर से गुजर रही है। जीवनशैली, नैतिक मूल्यों एवं आदर्शों में बदलाव आ रहा है। आज की युवा पीढ़ी विकास एवं आर्थिक उन्नयन के बोझ तले इतनी अधिक दब गई है कि वह अपने पारंपरिक आधारभूत उच्च आदर्शों से समझौता तक करने में हिचक नहीं रही है। आज के युवाओं के पास उत्तराधिकार के रूप में स्वामी विवेकानंद के विचारों की धरोहर है जिसके अनुपालन से वह भारत में ही नहीं, वरन विश्व में सफलता के नए आयाम स्थापित कर सकते हैं।

जैसा कि स्वामी विवेकानंद ने एक बार आह्वान किया था- 'जागो, उठो और मंजिल तक पहुंचने से पहले मत रुको' और 'हम सभी एकजुट हों और शुद्धता, धैर्य और दृढ़ता के साथ देश के लिए काम करें।'

स्वामी विवेकानन्द का ऐतिहासिक भाषण

विश्व धर्म सम्मेलन शिकागो, 11 सितंबर 1893

मेरे अमरीकी भाइयों और बहनों!

आपने जिस सौहार्द और स्नेह के साथ हम लोगों का स्वागत किया हैं उसके प्रति

आभार प्रकट करने के निमित्त खड़े होते समय मेरा हृदय अवर्णनीय हर्ष से पूर्ण हो रहा हैं। संसार में संन्यासियों की सबसे प्राचीन परम्परा की ओर से मैं आपको धन्यवाद देता हूं, धर्मों की माता की ओर से धन्यवाद देता हूं और सभी सम्प्रदायों एवं मतों के कोटि कोटि हिन्दुओं की ओर से भी धन्यवाद देता हूं।

वक्ताओं के प्रति भी धन्यवाद ज्ञापित करता हूं मैं इस मंच पर से बोलने वाले उन कतिपय वक्ताओं के प्रति भी धन्यवाद ज्ञापित करता हूं जिन्होंने प्राची के प्रतिनिधियों का उल्लेख करते समय आपको यह बतलाया है कि सुदूर देशों के ये लोग सहिष्णुता का भाव विविध देशों में प्रचारित करने के गौरव का दावा कर सकते हैं। मैं एक ऐसे धर्म का अनुयायी होने में गर्व का अनुभव करता हूं जिसने संसार को सहिष्णुता तथा सार्वभौम स्वीकृत- दोनों की ही शिक्षा दी हैं। मुझे ऐसे देश का व्यक्ति होने का अभिमान है हम लोग सब धर्मों के प्रति केवल सहिष्णुता में ही विश्वास नहीं करते वरन समस्त धर्मों को सच्चा मान कर स्वीकार करते हैं। मुझे ऐसे देश का व्यक्ति होने का अभिमान है जिसने इस पृथ्वी के समस्त धर्मों और देशों के उत्पीड़ितों और शरणार्थियों को आश्रय दिया है।

मुझे आपको यह बतलाते हुए गर्व होता हैं कि हमने अपने वक्ष में उन यहूदियों के विशुद्धतम अवशिष्ट को स्थान दिया था जिन्होंने दक्षिण भारत आकर उसी वर्ष शरण ली थी जिस वर्ष उनका पवित्र मन्दिर रोमन जाति के अत्याचार से धूल में मिला दिया गया था। मैं गर्व का अनुभव करता हूं ऐसे धर्म का अनुयायी होने में मैं गर्व का अनुभव करता हूँ जिसने महान जरथुष्ट जाति के अवशिष्ट अंश को शरण दी और जिसका पालन वह अब तक कर रहा है। भाईयो मैं आप लोगों को एक स्तोत्र की कुछ पंक्तियां सुनाता हूं जिसकी आवृति मैं बचपन से कर रहा हूं और जिसकी आवृति प्रतिदिन लाखों मनुष्य किया करते हैं:

रुचीनां वैचित्र्यादृजुकुटिलनानापथजुषाम्।
नृणामेको गम्यस्त्वमसि पयसामर्णव इव॥

अर्थात जैसे विभिन्न नदियां भिन्न भिन्न स्रोतों से निकलकर समुद्र में मिल जाती हैं उसी प्रकार हे प्रभो! भिन्न भिन्न रुचि के अनुसार विभिन्न टेढ़े-मेढ़े अथवा सीधे रास्ते से जानेवाले लोग अन्त में तुझमें ही आकर मिल जाते हैं।

सर्वश्रेष्ठ पवित्र सम्मेलनों में से एक यह सभा, जो अभी तक आयोजित सर्वश्रेष्ठ पवित्र सम्मेलनों में से एक है स्वतः ही गीता के इस अद्भुत उपदेश का प्रतिपादन एवं जगत के प्रति उसकी घोषणा करती है ये यथा

मां प्रपद्यन्ते तांस्तथैव भजाम्यहम्।